公安部公安理论及软科学研究计划项目
项目编号：2015LLYJJSST050



# 城市警务智库论

张跃进　刘保瑞　陈　玲　编著

中国人民公安大学出版社
·北　京·

**图书在版编目（CIP）数据**

城市警务智库论／张跃进，刘保瑞，陈玲编著．—北京：中国人民公安大学出版社，2018.1

（警务智库丛书）

ISBN 978-7-5653-3129-9

Ⅰ.①城…　Ⅱ.①张…②刘…③陈…　Ⅲ.①警察—工作—咨询机构—研究—中国　Ⅳ.①D631

中国版本图书馆 CIP 数据核字（2017）第 295833 号

# 城市警务智库论

张跃进　刘保瑞　陈　玲　编著

出版发行：中国人民公安大学出版社
地　　址：北京市西城区木樨地南里
经　　销：新华书店
邮政编码：100038
印　　刷：北京泰锐印刷有限责任公司

版　　次：2018 年 1 月第 1 版
印　　次：2018 年 1 月第 1 次
印　　张：9.5
开　　本：787 毫米×1092 毫米　1/16
字　　数：135 千字

书　　号：ISBN 978-7-5653-3129-9
定　　价：36.00 元

网　　址：www.cppsup.com.cn　www.porclub.com.cn
电子邮箱：zbs@cppsup.com　zbs@cppsu.edu.cn

营销中心电话：010-83903254
读者服务部电话（门市）：010-83903257
警官读者俱乐部电话（网购、邮购）：010-83903253
公安业务分社电话：010-83905672

# 序

在国家治理体系和治理能力现代化的大背景下，要推动好警务现代化建设，越来越需要警务智库的支持。因为，警务治理是国家治理的重要组成部分，同时，有效的警务治理又保障和促进国家治理、社会治理。随着警务专业化分工越来越细，科技信息化和大数据背景下社会公众对警务治理的期盼也越来越高，警务工作中遇到的新问题、新挑战也必然增加，如何更加有效地推进警务治理现代化、不断提升治理水平，越来越需要借助专门研究力量来为警务战略决策提供咨询意见，并不断提高公众参与度。也就是说，只有重视和加强警务智库建设，才能提高警务治理决策的科学性和公信力，才能更好地取信于民，才能更好地推进警务现代化建设事业。

苏州警务智库始于2009年年初在全国首创的“创意警务”，即“草根智库”，经过多年的运作，形成了全警创意、万警创新的浓厚氛围，一大批民警的智力成果进入了警务决策，破解了许多制约警务发展的难题，推动了警务现代化建设。习近平总书记提出建立新型智库的重要指示后，苏州市公安局立即着手在创意警务的基础上，建设城市警务智库，于2015年正式建立了“姑苏警务智库”，先后形成了“创意警务论”“理性警察论”“现代警务论”等研究成果，得到公安部两大智库“公安发展战略研究所”和“现代警务改革研究所”的认可，基于苏州多年来开展警务智库研究并有一定研究成果的实际，分别授予苏州市公安局“城市警务研究中心”和“社会治理研究中心”的牌匾。为了发挥好城市警务研究中心和社会治理研究中心的牵头作用，笔者近年来积极探索，力求从城市警务智库建设的理论和实践上有所作为，《城市警务智库论》以及相配套的《警察思维论》和《城市警务发展战略论》等研究成果就在这样的背景下产生了。

《城市警务智库论》是在笔者认真学习有关智库理论和初步实践的基

础上形成的，主要叙述了城市警务智库建设的理论依据、基本的理念思路、建设路径、功能作用的发挥和初步的实践体会。全书共由七章组成。第一章，主要叙述了警务智库发展脉络和必要性；第二章，主要叙述了城市警务智库的概念、主要特征及其功能；第三章，主要叙述了科学思维与城市警务智库的关系，以科学的思维来主导智库研究；第四章，主要叙述了警务战略与城市警务智库的关系，智库应更多地进行警务发展战略研究；第五章，主要叙述了构建城市警务智库的思路和路径；第六章，主要叙述了苏州警务智库建设的基本情况和做法；第七章，主要叙述了苏州警务智库推动警务现代化战略发展的实践和体会。这样的谋篇布局，为的是解读好城市警务智库建设的重要意义，以重视和建设好城市警务智库、发挥好智库的特殊作用；解读好城市警务智库建设的关键是以科学思维来主导，重点要搞好警务发展战略研究，提出了城市警务智库研究必须重视“思维方法”和“战略发展”两大要素；解读好城市警务智库建设的思路和路径，为各地城市警务智库建设提供参考；解读好苏州警务智库建设的做法和智库对于苏州警务现代化发展的重要作用，以期进一步加深对城市警务智库建设的认识，更加积极主动地推动城市警务智库建设。全书由张跃进和刘保瑞同志统筹和统稿，其中，张跃进撰写了第三章、第四章和第七章，刘保瑞撰写了第一章、第二章，陈玲撰写了第五章、第六章。涂津菁、魏猛、马家才参与了部分素材的收集。

党的十九大从建设中国特色社会主义发展新阶段的战略高度，对国家治理体系和治理能力现代化进一步作出了新的部署，提出了新的要求。警务治理作为国家治理现代化的重要组成部分和重要保障，必须以科学的理论进行指导，又要注意在实践中结合实际创新治理理论，重视和加强城市警务智库建设势在必行。笔者编写《城市警务智库论》的目的在于唤起各地城市公安机关重视和加强警务智库建设的自觉，倡导在研究状态下工作，以科学的警务理论指导和推动警务实践，起到抛砖引玉的作用。由于笔者的水平有限，难免缺乏深度思考，文中有些表述不全面、不准确的地方，敬请各位斧正！

张跃进
公安部公安发展战略研究所研究员
公安部现代警务改革研究所研究员
城市警务研究中心主任
社会治理研究中心主任
苏州警察协会主席
2017 年 10 月

# 目录

>>>

CONTENTS

# 绪 论

智库的概念有广义和狭义之分。从广义上讲，所谓智库，就是智囊团队，负责为特定政府或者特定公共机构提供智力支持。从狭义上讲，所谓智库，就是为公共政策决策提供最佳理论、方法和策略的公共政策研究机构，是专业的咨询团队。狭义上的智库的词源，来自英文“Think Tank”，为舶来品。现代意义上的智库，一般都是指狭义上的智库。

一般学者认为，“现代意义上的智库产生于19世纪的欧美，是社会分工精细化和决策科学化、民主化的结果”。① 也有学者对西方智库发展进行了概括：“第一阶段，从西方启蒙运动和工业革命开始，到第二次世界大战，是智库产生并开始发展的时期”；“第二阶段，从‘二战’结束开始，到20世纪90年代，是现代意义上的智库真正发展的时期”；“第三阶段，20世纪90年代之后，是智库改革创新、力求实现新的突破的时期。”②

西方（现代）智库起步早，制度较为健全，发挥作用大。根据美国宾夕法尼亚大学智库与公民社会计划国际关系项目发布的《2013年全球智库发展报告》，2013年全球共有智库6826个，其中，北美、欧洲智库占比达到55.7%；从国家分布来看，美国智库在智库数量上占有绝对优势，为1828个，占26.78%。③ 其中包括公众所熟知的兰德公司，是研究政治、军事、经济、科技、社会等各方面的综合性智库，更是世界智库的开创者和代言人，影响美国的政治、经济、军事、外交等一系列重大事务的决策，被誉为“美国的智库”“白宫第一智慧”“超级智库”。还有美国的布鲁金斯学会等，都是享誉世界的知名智库。关于西方智库的发展历史和基本概况，国内已经

① 王辉耀、苗绿：《大国智库》，人民出版社2014年版，第2页。
② 刘德海等：《江苏新型智库体系建设研究》，江苏人民出版社2014年版，第11－12页。
③ 刘德海等：《江苏新型智库体系建设研究》，江苏人民出版社2014年版，第1页。

有很多学者进行了研究，本课题不再作深入探讨。（关于西方智库的产生背景、基本特征、主要作用、发展环境等内容，会在后文中进行对比分析）

虽然，现代智库发源于西方，但是从广义上来看，我国历史上很早就产生了智库的雏形，并且在我国历史发展进程中发挥了重要作用。可以说，从古至今，我国都存在着某种形式的“智库”，只不过按照西方智库概念的界定，不属于现代智库的范畴。从我国古代史来看，“谋士”是古代智囊的典型称谓，“谋士”多以“幕僚”“门客”“军师”等形式出现。一般而言，谋士具有“仕”的背景，没有官的“身份”，从事或参与部分公共决策。春秋战国时期，是我国早期“智库”（智囊）的一个发展高峰，最为著名的是战国四公子，即齐国的孟尝君田文、魏国的信陵君魏无忌、赵国的平原君赵胜、楚国的春申君黄歇，四人“皆喜养士”，门下号称有食客三千人。《史记》记载，“公子（信陵君）为人仁而下士，士无贤不肖皆谦而礼交之，不敢以其富贵骄士。士以此方数千里争往归之，致食客三千人”，“孟尝君时相齐，封万户于薛。其食客三千人，邑入不足以奉客”。后来，我国历史上还形成了幕僚制度。幕僚制度“起源于秦汉”“成熟于魏晋”，隋唐时期一度被废（唯一特例是节度使被允许聘任幕僚），宋代后幕僚改为中央聘任，清代幕僚又改为私人聘任。在很多文学作品中，王侯将相等政治人物的背后，往往都有一个庞大的智囊团，发挥着重要作用，甚至影响历史走向。比如，在作家二月河所著的历史小说《雍正王朝》中，在雍正皇帝（胤禛）尚未即位前，师爷邬思道等都是智囊团队成员。从以上分析来看，我国古代历史上，无论是“谋士”“师爷”，还是“幕僚”，都依附于私人，发挥重要的智囊作用，甚至影响政治决策。

我国现代意义上的智库，诞生于中华人民共和国成立后。特别是改革开放以来，国家越来越重视智库的作用。党的十八大之后，更是迎来了智库发展的春天。习近平总书记多次批示，要求加快建设“中国特色新型智库”。2013 年 11 月，党的十八届三中全会上通过的《中共中央关于全面深化改革若干重大问题的决定》，明确提出“加强中国特色新型智库建设，建立健全决策咨询制度”。2015 年 1 月 20 日，中华人民共和国中央人民政府网正式公布中共中央办公厅、国务院办公厅印发的《关于加强中国特色新型智库建设的意见》，对我国新型智库建设进行总体规划，为新型智库建设提供了政策依据。随后，江苏等地先后出台地方性智库建设文件，加大地方智库建设力度。我国智库发展真正迎来了春天，“智库”一时成为了时髦词汇，一大批新型智库应运而生。在这种背景下，公安智库建设被提上了日程。

# 第一章　警务智库发展脉络及其必要性

智库是时代发展的需要，也是经济社会发展到一定程度的必然产物。随着经济社会发展，社会分工越来越细，各类竞争越来越激烈，公众对公共决策的科学性要求越来越高。在这种背景下，传统的个体化的“谋士”已经满足不了决策者的需要，“面对社会分工的空前细密，政府决策者不得不向社会提出决策请求”,① 团队式、专业化、独立的、多元化的公共决策咨询机构成了决策者的第一需求。从西方智库的产生历史来看，西方智库的形成既有上述客观因素，也有国际竞争越来激烈的原因，为了在国际竞争中获胜，各国政府需要借助社会力量，获取更多策略和理论支撑，确保决策的科学性。同时，西方多党制政治模式也为智库发展提供了空间，各党派政治团体都需要高水平的智囊机构来为自身服务，提高政治竞争力，以便在政治斗争或竞争中处于有利地位，其也积极利用外部智库力量，来提高自身决策能力。对警务工作而言，在专业分工越来越细、社会公众对警务工作要求越来越高、警务工作遇到的新挑战不断增多的背景下，同样需要借助专门的研究力量为警务决策提供更多资讯，不断扩大公众参与度，这样不仅可以提高公安机关警务决策的科学性，而且有利于提高决策公信力，可以更好地取信于民。可以说，警务智库的发展对警务现代化建设起到重要的推动作用，其也是实现警务社会化的重要表现形式之一。

---

① 占学识：《国家治理视域中的中国特色新型智库建设》，载《湖北行政学院学报》2014 年第 5 期。

# 第一节 警务智库发展脉络

传统的警务智库，多表现为警察院校、研究所，或者公安机关内部研究室等内设机构。比如，中国人民公安大学、中国刑事警察学院等作为公安部直属公安高等院校，承担着高端公安智库的作用；在地方，各省警察学院承担着地方公安智库的功能，许多重大公安理论研究都是依托警察院校来开展的。再如，公安部设有第一研究所、第二研究所（公安部物证鉴定中心）、第三研究所以及交通管理科学研究所、沈阳消防研究所等直属研究所，承担着部分专业智库的职能，为公安部决策提供研究支撑。客观来说，传统公安智库为公安事业发展作出了积极贡献。1986 年公安部成立公共安全研究所（也称公安部第四研究所），其紧贴公安工作发展和社会治安管理需要，曾围绕中国犯罪问题治理、警务发展战略等开展大量研究工作，形成了一大批有价值的学术研究成果，为当时警务发展和打击、预防犯罪作出了很大贡献，如公安部第四研究所开展的“改进公安统计工作”“沿海地区公安发展战略”“中国农村犯罪问题研究”“不同经济发展形态区域犯罪比较”“社区警务研究”“中国农村犯罪问题研究”等，都取得了很好的社会价值。正如有些专家所评价的，“在改革开放之初，百废待兴，以公安部第四研究所为代表的公安理论科研机构做了大量填补空白的扎实的基础工作，为公安机关科学、高效、依法维护社会秩序、打击犯罪打下了良好基础。例如，公安统计工作的恢复与公安统计制度的建立、全国犯罪情况的大调查、公众安全感指标体系的建立等都为公安工作的信息收集和绩效衡量建立了基础，树立了标杆，其调查的规模之大、投入研究力量之多可以说是空前绝后”。① 但是，后来随着公安部第四研究所职能的改变，其由公安学术型智库逐步变成了以公安高等院校为主的教育科研机构。

中国人民公安大学从 2012 年起批准成立了公安法治研究中心、当代宗教与社会安全研究中心、反恐怖研究中心、城市安全研究中心等 18 个科研机构，以及公安民警教育训练研究中心和公安遥感应用工程技术研究中心两个实体性研究机构。国内其他一些科研能力较强的警察学院也组建了类似的研究机构。例如，江苏警官学院成立了现代警务研究中心、警察文化研究中心、民国警察史文献中心、指纹研究所等 8 个研究机构。其中现代警务研究

---

① 王孟：《公安智库的历史与未来》，载《公安教育》，2015 年第 11 期。

中心最具现代智库特点，在为江苏省公安厅以及警务实战部门提供智力支撑和决策支持方面起到了很好的作用。浙江警察学院建立了公共安全与危机管理研究所、电子取证研究所等20多个研究中心。江西警察学院也成立了鄱阳湖生态经济区安全研究中心（江西警察学院公共安全研究中心）等8个研究机构，从不同的角度为江西当地公安工作发展和社会稳定提供智力支持和技术服务。云南警官学院立足自身特色，发挥在禁毒研究方面的学科优势和地理优势，组建了云南省禁毒问题研究基地（省委宣传部批准成立的云南省哲学社会科学研究基地）、云南警官学院禁毒研究所、云南警官学院司法鉴定中心等4个实体性理论研究机构，可以说是在全国公安院校中智库建设力度最大的，这些机构为云南省社会经济发展提供了有力支持和保障，更为云南公安工作提供了理论支撑。如果把全国公安院校科研机构中类似的研究中心（机构）都算上，这样的智库组织形式有近百家。① 但由于缺乏整体规划和有组织的建设，当前的公安智库建设整体呈现组织规模小而分散、研究力量薄弱、经费不足的态势，从各个研究机构的研究项目和研究成果来看，总体来说存在着研究重复、脱离实际、效率低下、质量不高的问题，对内不能给决策者提供充足的信息，对外在国际舞台上话语权缺失，对民众没有足够的舆论影响力和引导力，远远不能满足新时期公安工作对公安智库的需求。

为适应新时期公安工作发展的需要，更好地发挥公安智库作用，2015年，公安部正式出台《关于加强公安机关新型智库建设的意见》，并制定了《组建部级公安智库工作方案》，扎实推进公安新型智库建设工作，着力建设一支坚持正确政治方向、德才兼备、富有创新精神的决策研究咨询队伍，建立一套治理完善、充满活力、监管有力的公安智库管理体制和运行机制。公安智库发展进入了快车道。2015年9月，公安部正式确定了首批建设的两个部级公安新型智库，中国人民公安大学为“公安部公安发展战略研究所”建设依托院校，江苏警官学院为“公安部现代警务改革研究所”建设依托院校。部级公安智库建设，不仅为公安发展提供重大理论支撑，而且为整个公安智库建设起到积极引导和示范作用，拉开了各级公安智库建设的序幕。随后，全国各地公安智库纷纷建立，不仅各省级警察学院建立省级警务智库，而且苏州、常州等地的市级公安机关（或依托警察学会）还建立起城市警务智库，完整的公安智库体系正逐步形成。

“公安部公安发展战略研究所”是公安部批准的依托中国人民公安大学建设的首批公安智库之一。该智库主要负责事关公安工作和公安队伍建设的

---

① 王孟：《公安智库的历史与未来》，载《公安教育》，2015年第11期。

战略性、全局性、基础性问题的研究，提出公安机关维护国家安全和社会稳定、推进公安工作改革和公安队伍建设的重要工作思路，为公安部制定实施公安工作发展规划和作出重大部署提供决策咨询服务。“战略所”实行理事会领导下的所长负责制，由校党委书记兼任理事长，校长担任所长，组织校内精干力量，凝聚社会优秀人才，提供专门研究空间，努力打造一流行业智库和国家高端智库。

“公安部现代警务改革研究所”，于 2015 年 9 月由公安部批准依托江苏警官学院设立，是首批设立的两个部级公安智库之一。主要职能为：围绕公安部党委中心工作和公安工作重大需求，加强现代警务机制改革、公安队伍管理机制改革和警务治理能力现代化进程中的重大理论和现实问题的研究，提出专业性、针对性和建设性的政策建议，为公安部及各级公安机关实施创新驱动发展战略和深化公安工作改革提供决策咨询服务。研究方向为：现代警务机制研究、公安队伍管理研究、法治公安研究、智慧警务研究、平安中国建设研究。

“公安部公安发展战略研究所”着眼于推动城市警务战略发展研究，依托苏州市警察协会，于 2016 年 6 月在苏州建立“城市警务研究中心”，专门研究城市警务现代化发展战略，成为部级智库中的第一个城市警务智库，亦称为“姑苏警务智库”。

## 第二节　推动新型警务智库的原因

智库在现代社会治理中发挥着越来越重要的作用。有的学者将智库的作用形象概括为“资政辅政的‘智囊团’、公共政策的‘增效器’、平衡分歧的‘减震阀’、会聚人才的‘蓄水池’、国际交流的‘第二轨道’”①。也有学者将我国新型智库定位为“思想观点和价值目标的创造者”“重要领域决策咨询的提供者”“社会公共利益的代言者”“政策研究人才的培养者”“政府与公众的沟通桥梁”“精英学术和政策建议的港湾”“全球合作交流的国际平台”②。虽然学者们对智库的定位有所差异，但是对智库重要性的认识是较为一致的，都充分肯定智库建设的极端重要性和必要性。

---

① 占学识：《国家治理视域中的中国特色新型智库建设》，载《湖北行政学院学报》，2014 年第 5 期。

② 王辉耀、苗绿：《大国智库》，人民出版社 2014 年版，第 283 页。

智库分为专业智库和综合性智库。警务智库属于专业智库的一种，以警务发展规律为研究对象，以服务警务发展为主要宗旨，是提升公安机关科学决策、依法行政水平的重要保障。城市警务智库是以城市警务发展规律为研究对象，为城市警务发展提供决策咨询的专业研究机构。

在中共中央办公厅、国务院办公厅印发的《关于加强中国特色新型智库建设的意见》中，从三个方面对新型智库建设的重要意义进行了论述，即“中国特色新型智库是党和政府科学民主依法决策的重要支撑”“中国特色新型智库是国家治理体系和治理能力现代化的重要内容”“中国特色新型智库是国家软实力的重要组成部分”。对警务工作而言，加快新型公安智库建设的重要意义不外乎以下六点：

一是科学警务决策的需要。

当前，公安工作正处在转型升级的重要历史节点，虽然经过共同努力，工作取得了不错的进展，但依然还存在着不少短板。特别是近年来，随着我国工业化、市场化、城市化以及国际化的快速发展，经济社会流动性增强，传统计划经济条件下形成的静态社会被彻底打破，社会动态化特征日趋明显，社会管理难度增大。尤其是由于社会经济运行速度加快，社会运行风险不断增大，智能犯罪、暴力犯罪、跨境犯罪甚至恐怖活动犯罪等不断增多，这些新情况、新问题、新挑战都对警务决策提出了更高要求。在传统警务中，决策更多是依靠决策者的经验积累或公安机关研究室（科）的辅助，通常对真实情况掌握有限，决策视野比较窄，理论支撑度不够，已难以适应现代警务任务的现实需要。通过加快现代警务智库建设，可以扩大警务决策者的视野，弥补传统警务决策的不足，以科学咨询支撑警务科学决策，以科学决策引领警务科学发展，有助于提高公安机关应对各种风险挑战的能力。

二是扩大警务民主的需要。

在传统警务中，警务决策体系往往是封闭性的。社会公众对警务决策了解不多、参与不多，久而久之，导致公众对警务决策不关注，甚至有些决策不被公众所接受和支持，使警务决策的社会效果大打折扣。通过大力推进警务智库建设，特别是推动高校警务智库、学会性质的警务智库等多元化警务智库的建设，可以更好地发挥智库的桥梁纽带作用，让社会公众更多地参与警务决策、更好地了解警务决策，让警务决策更多地回应民众诉求，有效增强警务民主决策，夯实警务决策的群众基础。

三是提高公安软实力的需要。

如前所述，智库带有对外宣传功能，是提高软实力的重要途径。公安智库同样具有这一功能。公安智库是公安思想的宝库，是公安机关软实力的重要载体。通过智库的各种对外活动，不仅可以展示公安机关文化，而且可以为公安机关对外发声。在国内，公安智库可以参与更多学术交流，扩大公安机关在法学界、社会学界的影响力和话语权，更多地代表公安机关影响整个政府公共决策。同时，通过智库的各种公共活动，可以向社会宣传警务政策和公安工作，从第三方的角度为公安发声，争取公众对公安工作的理解和支持。在国际上，智库可以更多地参与国际交流，对外展示中国警务文化价值理念，扩大中国警察在国际警界的影响力，可以为我国公安加强国际警务交流协作提供更好的支撑。从某种意义上讲，这也是国家对外交往的重要组成部分。

四是对传统警务智库体系的改造。

虽然公安院校、公安科研所以及研究室等传统警务智库也发挥了积极作用，但总体而言，由于职能定位的原因，无论是公安内设研究科室、公安院校，还是研究所等机构，智库的作用都是附带的，由于不是专业智库，参谋决策、服务决策的作用受到很大制约，无法满足现代警务发展的实际需要。

五是实施创新推动战略不断提炼总结工作中特色亮点的需要。

创新是引领发展的第一动力，也是警务智库目前的短板。加强新型警务智库建设一个重要目的就是要不断提炼总结各警种、各部门好的工作经验及特色亮点做法，以便更好地服务实战工作。当前，重点是要围绕深化公安改革和“四项建设”“一体两翼”工作布局，对实施立体化、信息化社会治安防控体系创新升级方面取得的成果开展总结提炼工作。

六是传承和发扬良好传统的需要。

公安机关中有许多还不到退休年龄的老同志，他们经过长期工作形成的经验和阅历是一笔宝贵的财富，需要加以挖掘和利用，警务智库正好给了他们一个继续施展才华的平台，继续为公安工作创新发展建言献策。同时，警务智库也为年轻干部的选拔、培养创造了更好的条件。年轻干部不仅能从中得到更多岗位上的锻炼，也能从老同志身上汲取更多的“营养”。

从公安内设研究科室来看，公安机关所属的研究室（科）虽然带有研究功能，但是其主要职责是起草报告、领导讲话等业务工作，当然有的研究室（科）也承担着部分专项课题任务。但是，客观来看，由于该类机构主要负责本单位的工作谋划，加上受研究力量、科研精力以及研究资料等制约，其课题研究大多具有“短、平、快”的特点，对某个问题研究很难长久持续开展，对相关政策的论证也很难做到周详。同时，在研究视野、研究方法、研究人才等方面，也有很大限制。还有，由于公安内设机构的行政属性，其必然带有从属性，价值取向、研究立场、研究结果等必然受到限制，独立性、客观性、全面性有所折扣。

从高校研究来看，公安院校尽管近年来在学术研究上取得了重大进展，但是仍然不能满足公安工作的需求。这是因学校的职责定位而决定的，高等院校的主要职责是教学，是培养警察人才。高校教师虽也开展学术研究或者围绕教学工作开展研究，或者从学科建设的角度进行学术研究。但是，学术研究和智库研究的目的不同，“学术研究是以学科发展为目标的，注重学理性和严谨性，而智库研究是以解决问题为目标的，注重实用性，其研究结果必须给出一个预测或者建议。这是学术研究与智库研究的根本不同，而目前我国公安机关下属的学术机构多数以学术研究为主，以学科发展为目标，研究结果学术性强、实用性弱，多数学术行为并不针对具体问题提出具体的操作意见，这使学术研究的结果不能直接服务于公安机关的行政决策”。① 客观来说，近年来，公安院校研究成果非常多，极大地促进了教学水平的提高以及公安教育学科的发展，但是，其研究成果能够直接服务决策的还不够多。

对公安研究所而言，其主要承担科技研发的职能，还有部分企业产品开发的业务，但从不以辅助警务决策为主业。比如，“公安部第一研究所是公安部直属的综合性研究所，是国内警察装备最大的科研生产基地。研究所的产品已经在警用通信、安全检查、证件与出入口控制、报警与呼救、安全防范、防护装具等方面，为全国公安系统和社会公共安全防范部门提供器材和技术服务”。② 再如，“公安部第三研究所，于1992年11月18日成立，经营范围包括计算机软件、硬件，有线、无线通信设备及图像传输设备，特殊光学刑侦技术设备，电子光学，安全防范报警设备，安全防范监控系统工程设计、研制、生产、销售、指导施工，外经贸委批准的进出口业务等。主要研究领域包括信息网络安全、物联网、特种通信、禁毒、反恐防爆、图像处理和传输以及社会公共安全防范技术等。拥有博士后科研工作站、信息安全等级保护关键技术国家工程实验室、国家反计算机入侵和防病毒研究中心、国家专业技术人员继续教育基地、信息网络安全公安部重点实验室、电子数据司法鉴定实验室等一批国家级、部级专业技术实验室”。③ 其研究面之广，影响了其智库作用的发挥。

---

① 王孟：《公安智库的历史与未来》，载《公安教育》，2015年第11期。

② 360百科，载 http：//baike. so. com/doc/6438172 - 6651852. html。

③ 360百科，载 http：//baike. so. com/doc/6605432 - 6819219. html。

## 第三节 推动城市警务智库建设的意义

所谓城市警务智库，主要是指城市公安机关为满足现实警务工作需要而建立的，以城市警务为研究对象、以城市公安机关为主要服务对象的新型公安智库。公安智库应是立体化、多层级的体系，城市警务智库是警务智库体系建设的重要一环，是警务智库体系的重要基础建设之一。加强城市警务智库建设，对有效贯彻落实公安部决策部署，提升城市公安机关履职能力，更好地履行维护社会平安稳定、促进社会公平正义、保障人民安居乐业的重大职责使命，具有重要意义。

一是从城市的地位影响来看，应该加强城市警务智库建设。我国正处于深度转型时期，城市特别是大城市的人口、经济聚集效应非常明显，城市中人口高度集中、经济社会相对发达，是整个经济社会的重要节点，也是整个社会平安稳定的重要基础。而且，近年来，我国城市化进程不断加快，城市在整个经济社会中的地位更加突出。根据国家统计局公布的数据，2015 年我国城镇化率已经达到 56.1%。[①] 按照此种速度，到 2020 年，我国的城市化率将可能达到60%。发达地区的城镇化率更高，以苏州为例，在 2014 年城镇化率就已经超过了 73.15%，到 2020 年城镇化率则可能超过 80%。[②] 公安机关作为服务经济社会发展、保障社会安全稳定的主力军，必须注重发挥公安智库“智囊团”和“思想库”的作用，深入研究城市经济社会发展中的重大问题和影响城市安全稳定的热点难点问题，积极思考谋划，为公安工作转型升级提供理论支持和智力支持，努力提升保障城市经济社会健康发展和平安稳定的能力。

二是从警务普遍规律来看，应该加强城市警务智库建设。从警务勤务特征来看，警务可以分为城市警务和农村警务两类。无论是北京、上海、天津、重庆等直辖市，广州、南京、济南等省会城市，还是青岛、深圳等国务院计划单列市，抑或苏州、无锡、常州等普通地级市，甚至昆山、江阴等县级市，从本质意义上来讲，都属于城市范畴，只是规模大小不同、级别高低

① 《国家统计局：2015 年中国城镇化率 56.1%》，新浪新闻，载 http：//finance. sina. com. cn/roll/2016 - 01 - 19/doc - ifxnqrkc6642982. shtml，最后访问日期：2016 年 1 月 19 日。

② 中国江苏网 - 新华日报，载 http：//jsnews. jschina. com. cn/system/2014/06/27/021270996. shtml，最后访问日期：2014 年 6 月 27 日。

不同而已。城市警务面临的任务具有相似性，其运行具有相通性，发展规律也是共通的。因此，加强城市警务研究，对全国城市警务发展都具有现实意义。

三是从城市警务实际运行来看，应该加强城市警务智库建设。相对而言，公安部、省公安厅两级公安机关的职能定位更多应该是决策、宏观政策制定和业务指导，县级公安机关则负责具体政策执行和警务实战，而地级市公安机关则介于两者之间，警务实战与警务决策的双重职能更加明显，既需要贯彻落实好上级公安机关决策部署，又必须根据本地实际规划本市警务发展。对于如何贯彻落实上级决策部署，大致可以分为三种：第一种是“上级怎么说我怎么做”，原封照搬，机械僵化，看似执行力很强，实则违背实事求是原则；第二种是“不管上级怎么说我还是要这么做”，口头上贯彻上级部署，实际工作还是按照老思路来做，言行不一，随意性强，自行其是；第三种是“上级怎么说我结合实际创造性地来做”，既深刻领会上级决策意图，又认真结合本地情况，创造性地贯彻执行，从实际出发，实事求是地去做。但要达到这一要求，说起来容易，做起来可不简单，必须依托公安智库来研究上级部署精神，并准确把握本地实际，把上级精神与所在城市实际有机结合，为公安机关更好地贯彻落实上级决策部署建言献策。

四是从公安智库体系来看，推进城市警务智库建设是对部、省级高端智库的重要补充。“地方智库作为地方性决策咨询研究机构，在研究经费、学科建设、人才储备和专业影响力等方面不能与国家层面的智库机构相提并论，更难比肩国际一流的智库。但是地方智库具有地方特色和地域优势，处在经济社会发展的前沿，在熟悉和了解地方与区域经济社会发展热点、难点上，在分析和把握地方与区域经济社会发展的问题上，有突出的优势。发挥这种优势，是提升地方智库核心竞争力的内在要求，是地方智库具有影响力的关键因素。”① 对警务智库而言，同样如此。城市警务智库具有其自身优势。据《人民公安报》报道，“部级智库是公安新型智库体系的重要组成部分，也是集成建设国家级高端公安智库的主力”，“公安部将积极统筹规划和协调指导各省级公安机关推进省级公安机关智库建设，更好地发挥‘智囊’和‘参谋’作用，进一步提升服务公安实战能力”。② 从中可以体会出多层意思：一是公安新型智库是一个体系，它是立体的、多层面的。二是部级智

---

① 王庆五：《地方智库建设应处理好八个关系》，新浪智库，2015 年 8 月 31 日。

② 田海军：《发挥智囊作用　服务公安实战　公安部组建首批部级智库》，中国警察网，载 http：//news. cpd. com. cn/n3559/c30336231/content. html，最后访问日期：2015 年 9 月 9 日。

库是国家级高端公安智库。公安部有关负责人曾指出，“部级智库的建设要依托公安院校积极融入服务全警大局，统筹整合优质资源，紧紧围绕服务公安决策咨询和公安实战这一中心任务，加强系统性、全局性、战略性、前瞻性研究，促进公安机关决策与智库研究之间的良性互动。要努力发挥人才智力优势、理论创新优势和调研咨询优势，坚持对策研究和基础研究相结合、服务决策和面向实战相结合、广泛借鉴与自主创新相结合，充分发挥战略研究、建言献策、人才培养、舆论引导、公共外交的重要功能。要积极搭建人才、信息、资源的交流聚合平台，加强对外传播能力和话语体系建设，不断增强智库的影响力和可持续发展能力，稳步提升我国公安智库在国家智库体系建设中的地位和在公安工作创新发展中的作用”。① 三是鼓励基层单位根据实际主动开展公安智库建设。城市警务智库距离实战更近，对基层治安状况、警务体制机制运行感受更直观。城市公安智库可以充分发挥自身更加贴近基层实践的优势特点，积极加强研究，不仅可以更好地推动本地警务发展，而且可以为上级建言献策，可以让上级的决策部署更加接地气、更具可操作性。

---

① 《公安部组建首批部级公安智库两高校入选》，网易新闻，载 http：//news. 163. com/15/0910/14/B35ITCLB00014AED. html，最后访问日期：2015 年 9 月。

# 第二章　城市警务智库建设的主要特征

关于智库的特征，很多国内学者借鉴了美国布鲁金斯学会董事会联合主席约翰·桑顿的观点，即智库具备三个素质：首先是独立性。不光是财务独立，思想也要独立。其次是质量。智库研究成果的质量决定着智库水平。最后是影响力。笔者认为，关于智库具有“独立性”“质量”“影响力”的论断具有科学性、合理性，但是，所谓特征都是相对的，不能绝对化、公式化。笔者认为，分析我国智库的特征，还要结合我国实际，从智库本质进行分析，否则就可能陷入认识误区。

## 第一节　城市警务智库的基本特征

城市警务智库既具有普通智库（包括警务智库）的共性，也具有个性。本文所分析的城市警务智库的特征，主要是相对于高端警务智库和省级警务智库而言的。

### 一、基础性

所谓基础性，是指相对于部级高端智库和省级公安智库而言，城市警务智库处于整个警务体系中的基础性地位。同时，基础性还有另外一层含义，即城市警务智库所研究和关注的问题非常具体，是城市警务发展中遇到的基本问题，相对于部省级智库的研究领域而言，可能显得琐碎和微观。如前所述，城市警务智库更加贴近基层，更容易掌握警务工作实际，更了解基层公安机关遇到的实际问题，其研究成果可以为高层智库提供有益参考。

## 二、实战性

所谓实战性，是指相对于高端智库的学术性而言，城市警务智库应属于业务性智库，其宗旨是服务于城市公安实战，其研究成果可直接转为实战决策。同时，城市警务智库的立身之本，是服务本地警务决策，提升本地警务实战能力。当然，城市警务注重实战性，但并不排除学术性。城市警务智库根据自身条件，可以开展学术性理论研究，对重大警务课题开展攻坚，同样可以取得成效。比如，姑苏警务智库先后开展“理性警察论”“现代警务论”等重大课题，均具有较高学术价值。2014 年，“理性警察论”课题被公安部授予“金盾奖”。“现代警务论”课题则被公安部立为重点软科学研究项目予以资助，研究成果先后获得苏州市第十三届哲学社会科学优秀成果奖、江苏省第十四届哲学社会优秀成果奖三等奖。

## 三、多元化

所谓多元化，是指主体多元化。相对于高端智库，城市警务智库形式相对自由，既可以依托高校，也可以依托公安机关研究机构，通过外聘研究人员、课题招标等方式，壮大研究力量，开展课题研究或者直接为公安机关提供业务咨询服务；同时，城市警务智库还可以依托警察协会来组建，通过组织内部有思想的民警和外聘专家学者，组建研究团队，开展课题研究。比如，苏州市警察协会于 2015 年 9 月，成立了全国首家城市警务智库——姑苏警务智库，并且开展大量课题研究，取得很好成效。再如，2016 年 11 月，常州市公安局也成立了警务智库，依托该局办公室，外聘一批专家学者，为公安决策提供支撑。

## 四、前瞻性

一个智库如果不能进行前瞻性研究，其存在就没有意义，最多只能是一个宣传机构或是一个诠释政策的部门，不能称为智库。城市警务智库作为着力于服务城市公安事业长远发展的专业智库，更应在前瞻性研究上下功夫。中共中央办公厅、国务院办公厅印发的《关于加强中国特色新型智库建设的意见》中提出，要“紧紧围绕党和政府决策急需的重大课题，围绕全面建成小康社会、全面深化改革、全面推进依法治国的重大任务，开展前瞻性、针对性、储备性政策研究，提出专业化、建设性、切实管用的政策建议，着力提高综合研判和战略谋划能力。”按照这一要求，城市警务智库应切实开展前瞻性研究，把以高质量的思想产品引领公安机关实现科学发展、持续发展作为目标，着眼于警务工作前沿理论、治安形势发展趋势和走向、党委政府要求和群众需求等，从更为长远的视角，思考警务发展的大问题和中长期问题，切实加强城市警务发展战略性问题研究，用前瞻性研究成果影响公安机关政策制定和实施。

## 五、专业性

成立智库，就是要组织专家进行专业知识、思想生产，进行政策研究。世界上很多有影响力的智库都因其专业性而闻名于世，如当今美国乃至世界最负盛名的智库——兰德公司，其在建立之初就招募了各个专业的大量人才，专业涵盖数学、物理、化学、经济、心理等多个领域，通过充分借助各领域专家的才能，进行大量政策分析和课题研究，以确保研究质量及研究成果的权威性。另外，智库所具备的前瞻性、独立性等特征，其实也与专业性有关，智库能否独立思考并提出引领性思想、前瞻性思路、战略性决策建议，与专业性是分不开的。城市警务智库的服务对象（或者说是客户）是城市公安机关，它是以城市警务研究为主的专业智库，专业性是其首要特性。城市警务智库不仅要从宏观、全局、战略的高度和科学、持续、长远的深度来研究城市公安发展的重大理论问题，还要从实际、实用、实战的角度来思考各警种部门工作中需要解决的瓶颈性、疑难性等主要实践问题，这就需要着力打造一批熟悉公安业务，精通公安理论的专家研究团队，为智库专业建设奠定坚实人才保障。

公安部批准设立的首批部级智库是依托高校来组建的，从地方实践来看，很多省级公安机关也是依托本省警察院校来组建省级公安智库的。但是，公安智库建设主体可以是多元的，既可以由院校来组建，也可以是公安机关本身依托研究室（科）等来组建，还可以由警察协会来组建，应该鼓励警察智库建设主体多元化，充分激发活力，发动多方力量，来推动公安智库建设。特别是应该鼓励由警察协会来建设公安智库，这样可以保证研究的客观性，减少主观因素干扰。

不同类型的智库各有所长，同时也有其自身弊端，它们可以相互补充，共同服务好警务决策。业务智库就是各级公安机关的研究室（科）等内设研究机构，优势是直接服务公安决策、研究成果转化快，缺点是缺少独立性、研究深度和研究广度上难以保证；院校智库就是公安院校或依托院校建立的研究所（研究中心）等，院校智库的优势在于研究人员理论功底深厚，缺点是容易与实战脱节、成果转化率还不太高；学会（协会）智库就是依托警察协会等建立研究机构，该类智库往往既接近实战，又具有相对独立性，但是组织发动能力较弱，课题研究规划能力与推动能力上需要提高；专业研究所智库，该类智库主要侧重技术开发、产品开发，既具有事业单位性质，又具有企业营利性，因此，该类智库专业性强，专业优势明显，但是具有营利性等特征，从而其研究的中立性、独立性、客观性必然受到影响，而且，营利性确定了其工作重心和趋利性导向，辅助决策功能必然受到制约。

公安机关不同于一般的行政机关，作为为公安决策层提供决策咨询的城市警务智库，除了以上这些共性特征之外，还存在一些个性特点。一是有公安特色。城市警务智库，立足于城市警务研究，必然具有公安特征。主要体现在其研究领域，要紧密结合新时期公安工作和队伍建设特点，尤其现阶段要结合贯彻落实全面深化公安改革实施方案和建立现代警务机制要求，围绕“打、防、管、控”等职能的特点来组织推进课题研究；其服务内容，既要为城市公安机关决策层提供政策方案，又要积极向公安部、省公安厅等上级公安机关建言献策，还要为基层公安机关解决问题提供指导；其智库团队，既包括在警务工作前沿理论研究方面有一定成果的专家型人才，也包括热爱警务研究、有调研能力和调研潜力的在编民警，是一支坚持正确政治方向、德才兼备、富有创新精神的警务实战研究和决策咨询队伍。二是着眼全局。警务工作与城市经济社会发展休戚相关，城市警务智库突出“城市”一词，意味着要把城市警务研究放在城市经济社会发展的总体框架内来推进，要有全局观，把握好整体性。从我国城市经济社会发展实际看，工业化、城镇化、信息化、法治化等是城市发展的大趋势，城市警务智库必须着眼于集约化、信息化、法治化、社会化、人本化的现代警务机制研究，以符合经济社会发展趋势；从城市居民需求来看，对行政服务要求越来越高，对公安执法要求越来越严，对打击、防范违法犯罪的期望也越来越高，城市警务智库研究必须围绕如何主动顺应人民群众对警务工作的期待，创造出安全稳定的社会环境、公平正义的法治环境和优质高效的服务环境来展开。三是严明纪律。城市警务智库作为中国特色新型智库的重要组成部分，又是服务城市公安发展的重要思想库，严格的纪律性是其重要原则。其研究探讨的课题可以没有框架、没有禁区，但是发表观点、对外宣传、发布成果必须守规则、讲纪律，不能打着独立性的幌子，随意发表违反政治纪律、违反国家法律、法规的言论和成果。

## 第二节　城市警务智库的主要功能

一般而言，智库具有生产思想、资政辅政、人才培养、政策宣传等功能。对警务智库而言，同样具有生产警务发展思想、辅助公安机关决策、培养警务研究人才、宣传警务研究理论、开展对外警务交流等基本功能。

### 一、生产思想

所谓生产思想，即生产警务发展思想，开展警务理论研究，深化对警务发展规律的研究。智库，也叫作“思想库”，是思想和智慧的一个集散场所，其能够产生出符合社会发展趋势的新思想、新观点、新理论。按照著名智库兰德公司的创始人弗兰克·科尔博莫的定义，“智库就是一个‘思想工厂’，一个没有学生的大学，一个有着明确目标和坚定追求，却同时无拘无束、异想天开的头脑风暴中心，一个敢于超越一切现有智慧、敢于挑战和蔑视现有权威的‘战略思想中心’”。① 由此可见，智库的主要功能之一就是探求和生产符合社会发展趋势的新思想、新理论，其核心竞争力也在于能够持续提供新的思想产品。谁能够不断生产新思想，谁就掌握了智库建设的制高点。世界一流智库都拥有一批高素质专家人才，这些专家人才一般来源于卸任官员、大学教授、知名学者等，他们具有丰富的阅历经验，具有深厚的理论研究功底和学术权威，具有敏锐的政治嗅觉和快速的政策反应力。可以说，很多新思想的形成都来自这些优秀的智库人才，他们的思想产品以著作、报告、杂志、媒体文章等形式源源不断地持续推出。城市警务智库也有一批来自各领域的专家学者，特别是还拥有一批热爱警务研究的在职警察，他们紧密跟踪前沿理论，结合城市警务发展实际，潜心开展警务理论和实践研究，不断提出开创性的思想观点、高质量的思想产品，持续为各级公安机关掌控发展趋势、解决现实问题提供理论支持和智力支撑。例如，公安部公安发展战略研究所城市警务研究中心（姑苏警务智库）在2015年完成了公安部软科学重点项目“警务现代化基本范畴及实现路径研究”，并出版了《现代警务论：理论探索》（中国人民公安大学出版社），它提出了警务人本化、警务集约化、警务智能化、警务法治化、警队生态化等警务发展趋势，对现代警务发展具有积极意义。

---

① 百度词条。

## 二、辅助决策

所谓辅助决策，是指城市警务智库通过采用科学研究方法，对城市警务发展特别是对现实治安问题、警务发展遇到的瓶颈问题等现实课题的研究，深入剖析问题本质、深刻解析原因，提出可行性、客观性、中立性的对策建议或者工作报告，积极辅助公安机关进行科学决策。资政辅政是智库的核心功能。智库的目的不仅仅是生产思想，它还以专业的研究为基础，针对现实提出自己认为合理可行的设想与政策方案，旨在为政府决策层提供信得过、用得上的政策建议。例如，美国布鲁金斯学会、外交关系委员会、兰德公司、胡佛研究所和英国国际战略研究所、法国国际关系研究所、德国外交关系理事会等一大批世界顶尖智库，为本国政府提供足够的智力支持，在一定程度上影响并左右政府一系列重大决策。特别是在美国，每到四年一度的总统选举时期，美国行政当局都会出现一次全面的人员调整和变动，这时美国一些重要智库往往都会提出自己的政策思想和方案，为新任决策者建言献策。有的智库由于其规模较大、研究领域和范围广泛，政治、经济、社会、军事等领域都有涉猎，能够为政府提供更为全面的政策建议。而有的智库则更多地针对一些专门性问题开展研究，尤其是集中力量于重点领域，对一些重大问题进行长期跟踪研究，进而提出政策方案。城市警务智库就属于后者。城市警务智库立足于城市警务研究，紧扣公安机关决策和工作发展的需要，为公安机关决策层，处理影响公安发展的重大现实问题、普遍关注的社会治安热点、难点问题以及事关公安事业长远发展的前瞻性问题等提供决策咨询建议、最佳理论和发展策略，充分发挥其资政辅政的重要作用。城市警务智库辅助决策的功能是其最重要的功能之一，这是由城市警务的特点决定的。与院校智库相比，城市警务更接地气，更加便于服务城市警务实战，而且，城市警务智库与城市公安机关具有天然的密切联系，甚至相对依附关系，服务决策，才能谋取更好的发展环境。相对公安机关内部研究室（科）等研究机构，警务智库研究更具中立性、客观性和超脱性，可以辅助城市公安机关从不同视角看问题，提高决策的科学性。

## 三、培养警务研究人才

所谓培养警务研究人才，即培养警务研究人员，不仅为智库发展储备人才，而且可以为公安机关提供研究人才。警务智库视野开阔、对外交流广泛，也有助于培养视野宽、基础好、善于全面思考的研究人才。同时，警务智库的兼职研究人员，很多本身就从事警务实战工作，通过参与研究，也提高了科学思维能力，提升了分析问题、解决问题的能力。警务智库还可以通过宣传警务研究理论，提高整个公安机关的理论水平，深化对警务规律的认识。

## 四、成果宣传

所谓成果宣传，如果说，资政辅政是智库的“天线”功能，主要目的是让自己的思想产品往上去抵达决策层，以求影响决策。那么，成果宣传就是智库“地线”功能，主要目的就是要让自己的思想产品往下去抵达群众，以求提升自身影响力。事实上，影响决策的思想产品最终也还是要走到下面去，走到群众中，所以，成果宣传也是智库的重要功能之一。有人把智库比作“思想掮客”，即向“外界”兜售其思想产品，这指的就是成果宣传。智库具备前瞻性、专业性、独立性、创新性等特点，以高质量的思想产品和咨询服务为基础，在进行成果宣传影响社会舆论的过程中具有独特的优势。在这个碎片化信息泛滥的时代，各类智库为扩大影响力，往往通过主动的宣传意识、多样的宣传载体、先进的宣传手段来取得良好的宣传效果，包括办好各类论坛、研讨会、座谈会等重要活动，建好报告、刊物、网站等展示平台等，努力通过各种渠道和方式，将智库及其研究成果向社会进行推广宣传。成果宣传的强度越高、力度越大、范围越广、受众越多、智库的影响力就越大、知名度就越高，这也是所有智库都追求的。城市警务智库也不例外，城市警务智库不能“关门”搞研究，而是要打开门“请进来”“走出去”，加强与人民群众和社会各界的联系互动，通过各种渠道和方式，加强自身思想产品的宣传，努力扩大自身影响力。

以上是各类智库都拥有的共性功能，城市警务智库也都具备。但从城市警务智库的自身定位来看，它还有一些特有的功能。一是政策解读。上级公安机关的新政策往往蕴含着许多新观点、新思路，只有科学解读这些新观点、新思路，吃透文件精神，才能确保其得到正确的理解和贯彻执行。例如，2015 年 2 月，中央印发了《关于全面深化公安改革若干重大问题的框架意见》及相关改革方案，其中涉及完善公安机关管理体制、健全人民警察管理制度、规范警务辅助人员管理等 8 个方面改革内容，改革任务可谓面广量大，为帮助各级公安机关全面掌握、准确把握改革总体思路、原则方向和政策取向，公安部改革办专门组织力量编写了《全面深化公安改革学习辅导百问》，就全面深化公安改革的若干重大问题作出解读和阐释。其实，解读和阐释政策这方面的功能，城市警务智库同样具备。城市警务智库拥有着一批熟悉掌握公安政策的专家学者，他们甚至是公安决策制定的参与者，对新政策的解读具有针对性、科学性、权威性。特别是城市警务智库能够采取更加灵活多样的方式来进行政策解读，可以通过举办论坛、接受访谈、发表文章等方式，深入浅出地讲解决策背景、目标和要点，为公安机关学习领会提供参考，同时也帮助公众更加客观、全面地了解公安机关决策动态和发展动向，积极向社会各界展示公安工作成效，以增进他们对公安工作的理解和支持。二是实战指导。城市公安机关处于承上启下的位置，既是贯彻落实公安部、省厅决策的执行者，又是制定本地区警务政策的决策者。要实现科学决策、民主决策，就需要警务智库来提供支撑。可以说，不仅公安部、省厅需要警务智库，城市公安机关也需要警务智库的支持，确保决策的科学性，确保上级政策与本地实际的有机结合。与院校相比，城市公安机关更加贴近实战、更加了解实战，对社会治安形势变化、对警务发展遇到的难题等感触更直接、感受更深刻，更便于开展研究，而且对于应用智库研究成果、破解警务发展难题的需求也更加强烈。同时，城市警务智库的研究成果更加“接地气”，研究成果更容易转化为基层公安机关的实际行动，实战指导性更强。

## 第三节　城市警务智库发展的基本条件

从警务智库运行实践以及境内外先进智库建设经验来看，建设好城市警务智库，至少应具备以下几个条件：

### 一、必须具备相对独立性

国外智库特别是美国、德国等西方国家的智库都具有很高的独立性，如美国智库通常独立于政府和企业之外，其研究过程与研究结论都是独立的。德国智库运作则以市场化为导向，根据经济的发展和市场的需要，为政府、企业等提供各种咨询服务。于是在智库研究中，有观点认为，为了保证智库的独立性，要与政府刻意保持距离。无论是业务性（公安机关内设研究机构）城市警务智库，还是院校型或者民间（警察协会所办）城市警务智库，如果要形成公正客观的智库研究成果，其自身必须具有相对独立性。如果没有独立性，其研究客观性必然会打折扣。这里所说的独立性，并不单纯指机构上的独立，也包括研究行为的独立性。独立性有多层含义：一是指机构上的独立性，这是高质量研究成果的基础条件，可以有效减少外界干扰，保证研究的独立性和客观性。二是运行上的独立性，虽然机构上具有附属性，但是其运行相对独立，特别是要确保研究过程中不被上级意见干扰。三是研究过程的独立性，即警务智库研究者可以根据自身研究计划，自由安排调研对象、调研范围、调研方式、调研进度，可以根据自身专业判断，得出相关结论，提出相关建议或对策。四是研究者独立性思维。研究者可以保持相对学术自由，能够独立思考，保持人格独立、思想独立，不“唯上”，不“唯书”，只“唯实”，能够排除外界影响，以客观事实为判断依据，能够用全面、辩证、发展的思维来认识事物，客观、理性地认识问题、分析问题、提出对策。笔者认为，最重要是保证智库研究者思想独立性。“经济上的独立只是使智库具备了讲真话的基础，而要讲出高质量的真话，更需要保持思想上的独立性。”① 特别是城市警务智库研究，其所需要的大量数据资料往往来自公安机关，其课题研究的方向也需要公安机关委托提出，这就导致其不仅要加强同城市公安机关的紧密联系，而且还应了解公安机关的需求，理解公安机关的运作，但这并不意味着城市警务智库不具备独立性，其独立性主要体现在以客观的立场和角度，为城市公安事业发展提供公正、客观的建议、意见，而不是充当公安机关的传话筒、宣传册。

## 二、必须具有稳定资金来源

经费是开展课题研究的基本条件之一。智库机构要正常运行，必须有稳定的经费来源，保证课题能够正常开展。“智库的运行能否有序、稳健，也与其融资能力紧密相关。在欧美发达国家，智库领导人的重要职责之一就是募集资金，以保障智库的可持续发展。”② 从西方智库发展来看，发达智库往往都经费充裕，资金来源渠道广泛。一般而言，业务性智库，研究经费一般没有问题，有政府财政来保证。院校智库，一般也没有问题，可以通过获取财政补贴，参与课题申报等方式获取相对稳定的课题经费。而民间智库，既无政府财政支持，也很少能够获得申报重大课题的机会，资金来源是个大问题。如果这个问题无法得到解决，智库运行就成了一句空话。没有充足的经费，不仅无法吸引高素质的研究人才，即便最基本的调研活动也无法正常开展，高质量的研究成果就更无从谈起。而且，智库要扩大自身影响力，还要积极开展学术交流，组织研讨活动，这些都需要有一定的经费保障。比如，城市警务智库同样需要一定的财力支撑。苏州的“姑苏警务智库”的课题研究主要依托警察协会成员单位每年的会费，其为智库运行提供雄厚的资金基础。

---

① 王辉耀、苗绿：《大国智库》，人民出版社 2014 年版，第 22 页。

② 荆林波：《建设中国特色新型智库必须处理好六大关系》，载《求是》，2016 年第 10 期。

## 三、必须具备高素质人才队伍

“智库的建设归根到底是人才队伍的建设，特别是如何构建一支高素质、跨学科、多类型的智库人才队伍对智库的发展至关重要。”① 人才是智库最基本的组成要素，也是最重要的要素。智库之所以可以成为思想库，最重要的是拥有一批有思想、高水平的研究人员，而且需要的是精英人才，而不是庸才。城市警务智库要有所发展，必须通过优厚的薪金待遇、良好的研究环境和发展空间等，吸引人才、留住人才，特别是要吸引高素质、复合型人才加入智库，并通过建立内部激励制度，加大对优秀成果、优秀人才的激励奖励力度，鼓励研究人员多出高质量、高水平的研究成果。同时，城市警务智库要加强战略人才培养，通过资助考察、外出培训和学习交流，甚至鼓励或选送有潜质的研究人员出国（出境）开展参访活动，来开拓研究视野、提升研究能力，打破原有思维的束缚和制约，深化对警务规律的认识。

## 四、必须具备相应的市场

智库发展不能仅凭热情和勇气。因为，研究者只有获得相应经费或者奖励，才能开展研究工作，才能有研究的热情和激情。研究成果不仅要好，而且必须“卖得出”，用得上。如果研究成果没有“市场”，就不能实现智库的目的。而且，如果缺少相应的“市场”，即公安机关对警务智库研究成果的积极采纳和购买服务，城市警务智库就少了一个资金来源，部分没有政府支持的警务智库也就失去了发展动力和发展基础。城市警务智库与高校警务智库有所区别，往往依托警察协会等机构运行，缺少能够争取省级以上研究课题的人才、平台、影响力等竞争优势，研究经费多是自筹，如果相应研究成果无法得到实战机关的积极响应，就无法获取充足和稳定的经费来源，长此以往，有些城市警务智库就会逐步萎缩。

## 五、必须具备相对宽松的研究环境

智库研究需要宽松的学术氛围。如果没有宽松的社会环境，如果整个社会都噤若寒蝉、万马齐喑，那么就无法开展学术争鸣，就形不成百花齐放的研究格局。在公安机关警务实践中，各地经济社会发展差异很大，社会治安形势复杂多样，城市警务工作面临的环境千差万别，上级公安机关在政策制定时，应该给予基层单位一定的自由度，鼓励基层根据自身实际，因地制

① 荆林波：《建设中国特色新型智库必须处理好六大关系》，载《求是》，2016 年第 10 期。

宜、因时制宜，制定适合本地情况的警务政策。只有鼓励基层改革创新，城市警务智库才有了发展的基本环境，才可以鼓励城市警务智库开展研究。

## 第四节　城市警务智库建设必须处理好几个关系

面对公安智库的迅速发展，我们必须保持冷静，理性思考，科学把握城市警务智库的定位和发展。建设高水平、高质量的城市警务智库，必须处理好八大关系。

### 一、独立性与政治性的关系

智库是上层建筑的有机组成部分，不是孤立于国家政治体制、社会体制之外的东西。事实上，那种绝对超脱、“不讲政治”的智库并不存在。即使是美国智库，也各有其政治性，如美国战略与国际研究中心、布鲁金斯学会等标榜自己政治独立性的智库，只要了解其运作内幕，就能体察到微妙的政治性。我们知道公安机关是党和人民的刀把子，作为服务城市公安发展的城市警务智库，政治性是其首要的原则。学术自由是警务智库存在的重要前提之一。但是，独立性（或者自由性）从来都是相对的，绝对的独立（或自由）是不存在的。即便是强调独立性、学术自由性的西方智库，往往也是带有其自身政治倾向的，并非其宣扬的那么自由。因此这里所强调的独立性、自由性，都是相对的，不是毫无限制的自由。警务工作，作为上层建筑的重要组成部分，其带有鲜明的政治属性，城市警务智库的政治性原则不能简单地理解成政府决策的传递，如此就违背了智库的独立性。城市警务智库的政治性原则主要体现在其指导思想。具体来说，城市警务智库是在马克思列宁主义、毛泽东思想和中国特色社会主义理论体系指导下，深入贯彻党和国家治国理政的部署和主张，坚持把马克思主义的立场、观点和方法贯穿到智库研究等各个环节，它在党和政府的领导下相对独立地开展研究工作，在独立思考、独立研究的基础上提出自主性、建议性、建设性意见建议。学术自由是必须在正确政治方向下的，绝不能妄谈自由，排斥政治性，否则就可能走向歧途，迷失方向，甚至可能被别有用心者利用。城市警务智库研究必须遵循正确政治方向，必须在政治方向的框架下，努力营造开放宽容的研究环境，鼓励百家争鸣，共同探讨、研究警务发展。

## 二、战略性与战术性的关系

战略性和战术性都是相对的。城市警务智库受制于财力、人力等资源制约，更加倾向于对实战性、战术性问题进行研究，着重破解城市警务发展中遇到的问题和难题。当然，城市警务智库并不完全排斥战略性。对事关城市警务长远发展的警务战略布局、科技信息化建设、警务体制机制改革、专业化警队建设等重大课题，进行前瞻性、战略性的研究，也是城市警务智库的重要研究领域和范畴。可以说，战略性课题更是衡量警务智库水平的重要标志。当然，战术性研究是城市警务的立身之本，开展战略性研究必须从智库自身实际条件出发，绝不能盲目追求“高、大、上”。

## 三、财务独立与争取经费的关系

智库必须具有稳定经费来源，具备保障智库机构正常运行的物质基础。从智库发展来看，智库经费来源一般呈现多元性，既可以接受企事业单位和个人捐助，也可以使用课题经费，还可以通过提供智力服务获取资金。充足的研究经费，可以吸纳高素质研究人员，为产生高质量研究成果打下基础。同时，智库一般要保持财务独立性，即便是接受捐助，也必须防止对研究的限制和干扰，避免“受制于人”，保证研究的独立性和客观性。

## 四、研究创新与国家政策的关系

警务智库与普通智库有所不同。因为，警务作为上层建筑的重要组成部分，天然带有政治性属性，警务研究必然要在政治体制框架下进行。虽然有西方学者认为，警务具有独立性，但是，笔者认为警务带有政治附属性，并非西方所宣扬的独立性。例如，我国《人民警察法》第二条第一款明确规定：“人民警察的任务是维护国家安全，维护社会治安秩序，保护公民的人身安全、人身自由和合法财产，保护公共财产，预防、制止和惩治违法犯罪活动。”人民警察所从事的这些警务活动都是履行国家政权的重要形式，具有鲜明的政治属性。为此，警务智库作为以警务为主要研究对象的研究机构，不能摆脱国家政策来研究，必须在国家政策允许的范围内开展理论研究，其理论创新同样也不能违背国家政策。在此基础上，警务智库可以提出好的研究成果，为上级决策提供意见建议，服务上级政策制定或顺利实施。

## 五、服务本地与立足全国的关系

与部级智库相比，城市警务智库带有鲜明的地方性特征，其资源、视野、能力都是有限的。城市警务智库的财政支持主要来自本地，服务对象也主要是本地公安机关。城市警务智库研究对象以城市警务为主，研究结果以服务本地警务工作为主。同时，鉴于警务规律的相通性、共通性，城市警务在不同区域特别是相似城市之间具有共性，城市警务智库可以立足本地、服务全国，为省级公安机关、部级公安机关提供政策建议，也可以为外地省市公安机关提供智力支撑。例如，通过参加各类学术活动，展示智库研究成果，可以为外地公安机关所了解、接受、借鉴和吸收应用。

## 六、服务城市与辐射城乡的关系

城市警务智库研究中心是城市警务，城市必然包括城区、城郊、农村等区域；城市警务与乡村警务也不是彻底割裂的，而是相关联的，城市警务必然涉及乡村警务。同时，城市警务与乡村警务既具有不同之处，也具有共通性。特别是，当前随着我国城镇化的快速发展，城乡一体化进程不断加快，城乡融合性、关联性趋势加快。为此，可以说，城市警务智库的主要研究对象是城市警务，但并不完全排斥乡村警务。

## 七、"苦练内功"与"扩大影响"的关系

智库最主要的职责是生产智库成果，服务公共机构决策。同时，扩大影响力也是智库的重要职责。智库首要任务是研究成果，服务公共决策，为此，智库要生存发展必须先练好"内功"，通过加强人才建设，建立健全智库运行机制，提高课题研究能力，为产生高质量研究成果打下基础。有了高水平成果后，要推动成果转化，就必须扩大智库的影响力，通过对外宣传等方式，让社会群体以及相应决策机构了解智库情况，有助于将智库成果真正转化为决策。可以说，"苦练内功"与"扩大影响"，两者是相互支撑的关系，是智库发展必须要抓好的两个重要方面，不可偏废。

## 八、扩大影响力与服务现实战斗力的关系

城市警务智库的目的是服务城市警务、服务本地警务工作。为此，服务现实战斗力、直接服务警务决策是智库的首要任务，这既是城市警务智库的立足之本，也是城市警务智库区别于高校警务智库、部级高端智库等的重要特征。相对于高校智库和高端智库，城市警务智库带有"草根性"，更加贴近实战，其首要职责也是服务基层公安机关决策。当然，扩大影响力，积极参与警务交流活动，可以获取更多警务研究资讯，可以拓展研究视野，有利于提高警务智库研究水平，也有利于智库研究成果转化推广，同样具有重要意义。

## 第五节　城市警务智库建设应遵循的原则

城市警务既具有智库的共性特征，又具有其自身的独特属性。在推动城市警务智库建设中，既要遵循智库发展的基本规律，又要积极探索符合城市警务智库发展的具有鲜明特色的发展之路。主要应坚持的基本原则有：

### 一、政治性原则

在西方智库建设理论中，所谓的中立性是基本原则之一，强调智库不依附于任何党派，没有任何政治立场，始终保持所谓的中立性或独立性。笔者认为，任何研究都不可避免地持有相应的政治立场，所谓的“独立性”和“中立性”是不存在的。任何研究都是在相应价值观或者世界观指导下的研究，不存在所谓的价值中立或政治中立。对警务智库而言，其立场和立足点本身就有相应的政治属性，其研究出发点和立足点都是中国特色社会主义制度。城市警务智库作为警务智库的分支之一，必然把政治性作为其根本属性，是其研究的根本出发点。

### 二、战略性原则

所谓战略性，是指长期规划、长远发展。如前文所述，城市警务智库研究的基本立足点是城市警务发展，是服务本地警务工作。但是，笔者认为，城市警务智库与公安机关内部机构，如研究室、研究科等职能定位应有所区别，其研究虽然有战术性和服务现实战斗力等特征，但除公安机关内部理论研究外，还应注重长远发展，应加强城市警务战略发展研究，为公安机关的可持续发展出谋划策。

### 三、创新性原则

创新是发展的动力。没有创新，就没有变革、就没有发展。智库是智慧之库，是出思想、出观点、出主意的地方，其生命力在于创新。如果没有创新的思想、创新的观点、创新的主意，就不可能成为一流智库，不可能发挥其应有作用，最终必然会被边缘化。国际上的著名智库都是凭借新思想、新观点、新对策、新方法而成为国际一流智库的。例如，美国兰德公司在成立初期名气不大，其研究成果并没有受到重视。但有一件事情却令兰德公司声名鹊起。朝鲜战争前夕，兰德公司组织大批专家对朝鲜战争进行评估，并大胆提出新的观点“中国将出兵帮助朝鲜”。但美国军界高层对兰德的报告不屑一顾。在他们看来，当时的新中国无论人力、财力都不具备出兵的可能性。然而，战争的发展和结局却被兰德准确言中，这一事件让美国政界、军界乃至全世界都对兰德公司刮目相看。对城市警务智库而言，随着经济社会的快速发展、科学技术的日新月异，城市公安机关的工作任务必然发生变化，这就要求城市警务智库能够把研究关口前移，敢于创新、勇于创新，通过扎实的研究工作，为城市公安发展提供解决现实问题的创新理论与方法，提供具有拓荒价值的预见性成果，推动城市警务不断开创新局面、实现创新发展。然而，改革创新不是盲目的改革，必须有科学的理论支持，才能避免走弯路、走错路、走岔路。警务智库要更好地服务警务发展，为警务改革提供参考，就必须有创新性思维，善于用创新办法、提出创新性思路，才能帮助实战机关破解新问题、实现新发展。可以说，创新性是警务智库的重要特征，甚至可以说是其灵魂。如果不能打破传统思维，或者对问题的研究只是搬搬抄抄，或者“炒冷饭”，纯粹拼凑论文，那么提出的研究成果就失去了价值。对智库而言，尤为如此。

## 四、开放性原则

智库不应该是封闭的，应该是开放性的。所谓开放性具有多重意义。一是思维的开放性。智库研究不能是保守的，而应该是开放性的，能够接受新事物、新观点、新技术，对不同观点持有宽容态度，善于用辩证方法来认识事物、分析问题，善于创新。二是成员构成的开放性。智库研究人员组成不应该局限于专职研究人员，也不应限制于本地警务人员，而应该采取开放态度，只要能够有利于警务智库研究的人员，都可以吸纳为研究人员，既可以是兼职的，也可以是专职的，既可以是警务人员，也可以是高校教师或企事业单位人员；既要吸纳社会学、警察学、法学等专业人才，也应该吸纳管理学、信息科学等专业知识人员，让不同思想观点在碰撞中激发火花，让不同知识结构群体能够相互支撑，更好地服务和满足警务研究工作。三是方法的开放性。在警务智库运行中，不应该封闭研究，而应该“走出去”，不能“闭门造车”，既要“接地气”，深入基层实战一线调研，又要走出去学习外地先进做法，并听取相关专家学者建议，参考学习国内外的理论成果。要注重对外交流，善于学习和借鉴不同的意见和观点，取长补短，努力做到“西为中用”“古为今用”“他为我用”。

## 五、问题导向原则

服务实战性是城市警务智库的最主要功能和基本特征。囿于资源的有限性，城市警务智库研究课题的选择，必须坚持问题导向原则，围绕警务发展遇到的突出问题，如治安问题、管理难题、发展瓶颈问题、队伍管理问题等现实问题，开展课题研究攻关。否则，城市警务智库就容易游离于现实警务工作之外，甚至造成“研究”与“实战”的脱节，降低了城市警务智库存在的价值，不利于智库长远发展。

## 六、实战导向（贴近实战）原则

贴近实战是城市警务智库区别于其他警务智库的最大优势。“实战导向”有双重含义。一方面，智库课题研究必须围绕实战来展开。这一部分在上文已经阐述。另一方面，城市警务智库必须主动、广泛、深入接触警务实战，避免形而上学、脱离实际，造成从理论到理论，为研究而研究。

## 七、服务本地性原则

囿于经费、研究力量、研究视野等方面的制约，城市警务智库本地性特征明显。这种本地性既指经费来源的本地性，也包括服务对象的本地性，以及研究人员的本地性。一般而言，城市警务智库的经费多来自当地，研究人员也多立足于当地开展研究，其研究成果也以辅助当地公安机关决策为主，因此，本地性是城市警务智库的重要特征。

## 八、形式多样性原则

在智库组织形式或组织架构上，城市警务智库呈现出多样化的态势，体现出城市警务的灵活性。主要表现为：一是主办方的多样性。比如，姑苏警务智库主要由苏州市警察协会主办，日常运行由警察协会工作人员兼职负责，负责人也由警察协会领导兼任。常州公安智库则依附常州市公安局办公室（研究科）成立，日常运行由办公室（研究科）负责，负责人由该局相关局领导兼任。二是人员构成的多样性。苏州警务智库的研究人员由苏州市公安局热衷警务研究的人员、相关高校教师、外地公安机关警务人员以及有关科研院所研究人员等组成。常州市公安智库研究人员由当地社科机构、高等院校教师、政府其他部门工作人员以及本局相关警务人员等组成。三是名称的多样性。苏州警务智库名称为“姑苏警务智库”，是经民政局批准的社会组织。常州警务智库名称为“常州公安智库”，是围绕深化社会治理创新、推进公安改革和“四项建设”的总体要求，以丰富完善“五个现代”警务发展战略为核心，以服务市局党委决策为宗旨，以政策研究咨询为方向，坚持问题导向和创新驱动而构建的一个定位清晰、特色鲜明、包容开放、互动协同、共享发展的公安智库。

## 九、经费来源多元化原则

城市警务智库与高校警务智库不同，一般属于民政机构注册的社会组织（民间机构），不会得到政府直接财政拨款或相应公用经费，其经费支出主要靠自筹。从现实来看，主要有以下经费来源：一是企事业单位赞助，主要来自自愿捐助资金支持警务研究的企业家。二是申报政府社科研究项目，获取课题经费。三是研究课题申报奖励。四是个人赞助。五是参与政府购买服务项目，参与科研项目招投标，获取经费支持。

# 第三章 警察科学思维与城市警务智库

对任何一项研究或实践来说，思维都是第一位的。俗话说，“理念决定思路，思路决定出路”。每一项警务研究都需要智库研究人员投入大量的心血和脑力劳动，而一项有价值的警务研究成果的形成，关键在于研究人员运用科学的思维方法。警务研究人员的思维素质的强弱和思维能力的高低，直接影响到警务研究的效率；警务研究人员思维方式方法的优劣，直接影响到其警务研究质态的优劣，也必然影响到警务智库辅助警务决策的层次和水平。

## 第一节 警察思维的概念、特征和功能

### 一、思维的概念和特征

思维作为一种心理现象，它是人脑认识世界的一种高级反映形式。也就是说，思维是人脑对客观事物的一种概括，它反映客观事物的本质和规律；思维是在人的实践活动中，在感性认识，特别是在表象的基础上，借助语言，以知识为中介而实现的。

思维由思维原料、思维主体和思维工具三个基本要素组成。自然界提供思维的原料，人脑是思维主体，认识反映形式是思维的工具，这三者齐备才有思维活动。

思维具有概括性、间接性、问题性和能动性的特征。概括性，是指思维可以把一类事物的共同本质的特征抽取出来，加以概括，这是思维最显著的特征。间接性，是指非直接的、以其他事物做媒介来反映客观事物。思维是

凭借知识经验对客观事物进行的间接反映。问题性，思维是一个由问题指向答案的过程。当人们在实践活动中，接触到新的、不太理解的事物时，就必须去认识、揭示和理解它，以便完成任务和解决问题，因此思维过程主要体现在解决问题的过程中。能动性，是指思维能认识和反映世界，思维对于世界的反映和认识不局限于事物的表象，且能深入事物的本质。例如，人的肉眼看不到DNA分子，但人的思维却揭示了DNA的双螺旋结构，从而揭示了大自然潜藏的遗传密码。思维能动性最重要的体现是思维对于客观世界的改造。例如，人类不仅认识了物体离开地球所需的宇宙速度，还制造了人造卫星和宇宙飞船等。思维的能动性还表现在思维对于人的大脑和生理的作用。俗话说，“经常思维的大脑，有较高的潜能，不容易衰老”，大脑用得越多，脑细胞就越有活力；反之，大脑用得越少，其衰老得越快。

## 二、思维的功能

美国著名的实用主义哲学家、教育家和心理学家约翰·杜威指出，思维的功能在于“把困难克服、疑虑解除、问题解答”。由此，我们可以从以下三个方面来解读思维的功能：

一是认识问题的功能。也就是人的思维对客观世界的反映，将现状客观、清晰地表现出来，进而为分析问题提供依据。客观世界存在无数的现象和情境，需要我们通过观察来收集，收集到的这些客观现象和情境又通过思维分门别类地进行加工整理，成为便于我们存储的信息和资源，进而为分析问题奠定基础。我们对问题的调查了解、数据收集、资料汇聚和现状描述等都是对事物客观认识的过程。例如，我们在改革发展特别是城市化的推进中，普遍遇到了刑事犯罪和治安问题突出的问题，杀人、抢劫、诈骗、盗窃等各类犯罪数量明显上升，手段也不断升级，对老百姓安全感的影响越来越大等，这些就是我们对这个问题现状的基本认识。

二是分析问题的功能。这是指人们对经过分类整理的客观现象和情景进行分析判断的思维功能。在这个过程中，需要人们运用已积累的经验、已掌握的各类科学的分析工具与方法，对客观现象和情境的属性通过自己的主观思维进行判断，便于我们发现矛盾特别是主要矛盾，进而为解决问题奠定基础。例如，我们通过对各类犯罪和治安问题进行客观认识，从而进入主观分析问题的层面，然后进行多角度的定性式分析：城市经济社会快速发展过程中，大量的农民工进城，导致各类犯罪和治安问题突出；人流、物流、资金流等“人、财、物”大流动给各类犯罪和治安问题的形成提供了便利；城市化过程中，许多城市的管理和治安防控一下子跟不上，防范管理能力较低等。如果我们把这些分析综合起来，就形成了分析结论，而这个分析结论是对此问题在前期认识的基础上又进行主观分析得来的。思维的目的不仅仅是发现问题和分析问题，更重要的是通过自身的不断加工，找到解决问题的办法，并通过指导人的行为来解决问题。这就是思维的第二个功能。

三是解决问题的功能。这是指在认识问题、分析问题的基础上，思考出解决问题的办法的功能。例如，对于城市化推进中遇到的各类犯罪和治安问题突出的问题，如果分析找出了问题存在的原因是："农民工大量进城，民工的教育管理不到位""人财物流动量大，可资犯罪的便利条件多"和"城市管理和治安防控跟不上，有效防控的能力低"等，那么我们就可以有针对性地推出相应的对策思路，包括民工的登记管理、服务管理、教育管理，加强城市的各项管理，提升管理层次，减少各类发展和治安问题的发生，进一步加强城市治安防控，通过现代化、立体化的治安防控机制有效地遏制各类犯罪和治安问题的发生，让老百姓有更多的安全感。

## 三、警察思维的内涵和特征

警察思维，是指警察有效完成警务任务所需的思维形式、方法和理念等思维活动。警察思维既有作为人类共性的思维，也有作为特殊职业的警察的思维特性。它既有人类思维的自然属性，也有警察的职业属性，尤其是其社会属性。

警察思维的主要特征，主要表现在以下几点：

一是从思维形式上，表现为经验思维、理论思维与实践思维的统一，抽象思维、形象思维与灵感思维的统一等特征。警察开展一般的警务活动主要凭经验思维，但现代警务越来越重视理论思维的运用，警务技术人员把科技理论运用于警务实践主要依靠实践思维，这三者是辩证统一的。当然，不同层级的警察有各自的特点，这三者统一的表现也各不相同。高层的领导干部更侧重于理论思维，中层的干部更侧重于实践思维，最基层的干部则更侧重于经验思维。警察由于其职业特点，抽象思维是有效开展侦查办案等警务工作的主要思维形式，几乎所有的工作都需要运用概念、判断和推理等逻辑方法，同时也时常需要形象思维和灵感思维，可以说大多数警察都具有抽象思维、形象思维和灵感思维，这三者的有机结合是警察思维的重要特性。

二是在思维品质上，表现为更具有独立性、敏锐性、灵活性、创造性和预见性。独立性是警察的基本特质，因为即使是最基层的社区民警，都要独立承担执法管理任务，都需要独立地提出问题、分析判断问题和解决问题，这是由警察的基本功能决定的。敏锐性是警察的又一个特性，因为警察天天与社会打交道，会接触很多社会的阴暗面，只有敏感敏锐，才能发现问题。灵活性是警察在处理各类问题时必须有的特性，因为只讲原则而缺乏灵活性，无法拓展思路并有效地解决问题。创造性是当今警察必须具备的特质，因为随着经济社会快速发展，警务工作遇到的新情况、新问题越来越多，遇到的困难和挑战也越来越大，“人少事多”的矛盾越来越突出，警察必须创新理念、思路、手段和机制，以创意警务破解发展难题。预见性是警察思维的又一个特质，因为无论是使警务改革发展不断适应整个国家改革发展的步子，还是具体的如超前防范、有效破案打击各类犯罪的工作等，都需要警察预知预警，以超前谋划有效应对争取主动。

三是在思维的客体方面，表现为更具专业性、法治性、民本性和多元性。专业性，这是警察的职业特点和基本要求，特别是随着警察职业化程度的增强，思维的专业性将日益明显。法治性，也是由警察职业性质决定的，因为警察是国家机器的重要组成部分，无论是作为重要的行政执法部门，还是刑事司法的重要力量，其都必须依法执行公务，这就要求警察的任何思维都必须在法律、法规的范围内进行。民本性，是警察职业追求的根本所在，警察职责任务完成如何、警务工作的质量如何，归根到底以民众的评价为标准，警察思维活动必须时时处处以民众的好恶来比较和取舍。多元性，是指警察思维活动过程中，往往是多种思维形式和方法、理念相互交融，为实现思维目标协同努力。

警察思维的概念和相关特征，对警务智库及其研究人员而言，就是指在从事警务研究的过程中，既要善于掌握和运用人类思维的一般规律，又要注意研究和把握警察思维的特殊规律，熟练运用行之有效的思维方法来研究警务发展的问题，提高研究的效率和质量，提升警务智库的层次和水平。

## 第二节　警察基本思维形式与警务智库

思维形式，是人的大脑进行思维活动的形式，主要包括概念、判断推理等逻辑形式。同时，非逻辑形式如想象、直觉、灵感等同样也是基本的思维形式，没有了这些非逻辑思维形式的参与，警务研究的思维活动特别是创造性思维活动就无法进行。著名科学家钱学森把人的思维形式概括为社会思维、逻辑思维、形象思维和灵感思维，而最基础的是逻辑思维、形象思维和灵感思维。笔者认为，警务研究的思维形式应该是灵感思维、逻辑思维、形象思维和哲学思维四种基本的思维形式。因为，从警务研究和工作实践来看，警务研究人员的思维能力主要体现在其灵感思维、逻辑思维、形象思维和哲学思维四种基本的思维能力上，即以思维主体（大脑及其中的某些意识）进行思维的灵感思维；以思维工具（逻辑规则）进行思维的逻辑思维；以思维原料（事物的客观形象）进行思维的形象思维；以思维导向（世界观、方法论）进行思维的哲学思维。如果警务研究人员具有了这四种思维能力，那么必然会助推警务研究工作，特别是其构思与谋划形成的警务战略方案质量比较高、可操作性也比较强。这四种基本的思维形式在智库研究中，主要有如下特点和作用：

## 一、用灵感思维捕捉灵感

灵感思维，属于人的直觉思维范畴，是人脑特有的机能，也是非常重要的思维形式。灵感也称作顿悟，它是人们借助直觉启示所突然迸发的一种领悟或理解。在我们日常生活、工作中，常常有这样的体验：当对于某一个问题苦思冥想却不得要领，思维进入了死胡时，忽然在某一时刻，在毫无准备的情况下，一个想法、一个念头在头脑中突然闪过，闭塞许久的思路顿时贯通，缠绕多日而一直不得其解的问题一下子迎刃而解了。这种突然迸发的想法就是灵感。心理学认为，灵感是创造者在顽强的、孜孜不倦的创造性劳动中，创造力突然高涨时所处的心理状态。人们经常夸奖某人“聪明”“智商好”，很大程度上指的是这个人点子多、主意多，而且点子和主意来得快、反应迅速，也就是指这个人灵感思维能力较强。

当然，一般具有正常智力的人，都具备灵感思维功能，随时随地会有各种各样大大小小的灵感在头脑中闪现。但问题是，由于人们预先没有做好捕捉的准备，大量的灵感、创意、妙策等，都在人们漫不经心、猝不及防和来不及捕捉与记录的情况下消失得无影无踪。这时候，思维能力强的警务研究人员就能够比较好地捕捉这些灵感，特别是在警务发展战略的形成初期和谋划战略规划的过程中，不仅可以有效地激发和运用灵感，而且随时捕捉住灵感，然后趁热打铁及时进行精加工，形成基本的战略构思架构。

## 二、用逻辑思维缜密思考

逻辑思维，是指思维主体在感性认识基础上，运用概念、判断、推理等形式对客观世界的间接的、概括的反映过程。这是人们最普遍和最基本的思维能力，任何人的任何一个思维过程都必须以逻辑思维为基础，因而逻辑思维又是人的思维工具，如列宁曾经引用黑格尔的话说“任何科学都是应用逻辑”。遵守逻辑思维规律要求，是人们正确进行思维的必要条件。人的智商的高低，很大程度体现在其通过语言文字表现出来的思维的逻辑性。

逻辑思维的形成，是人脑通过概念、判断、推理等方式，借以分析与综合、抽象与概括等各种智力活动来实现的。所谓概念，是一种反映事物本质属性的思维形式，判断是人们对事物情况作出断定的思维形式，推理是由若干个判断构成的一定逻辑关系和构成的较为复杂的思维方式，论证是人们从事物的本质属性出发，对客观存在的事物的情况作出判定，在此事物与彼事物之间建立起内在的联系，并通过演绎、归纳和类比推理或其他形式和方法作出判断，构成了逻辑思维的主要过程。因而，衡量一个人的逻辑思维能力，通常是看他（她）对概念和判断的表述是否准确，推理是否符合逻辑规律，论证是否严密。尤其是在运用分析与综合和抽象与概括等基本的逻辑方法上是否娴熟和有效。警队研究人员在警务发展研究过程中，无论是总的构思，还是一些重点工作的谋划，都必须有效地运用逻辑思维。比如，要运用逻辑架构和逻辑关系来构思警务发展战略的基本框架和布局，使警务的课题研究，特别是有关发展战略的大的框架结构迅速建立起来，而且形成比较严密的逻辑联系。再如，在分析研究警务发展战略的内部和外部条件，预测发展未来的愿景，提出战略目标和相应战略对策时，如果善于运用分析与综合、发散与收敛、抽象与具体、归纳与演绎、历史与逻辑等基本的逻辑方法，使警务发展战略规划有思想、有内涵、有深度、有质量；在对于警务发展战略具体内容的表述上，运用好“概念要确定、判断要确定、推理要首尾一贯”的逻辑思维规则，即所使用的任何一个概念都必须要有确定的内涵和外延，而且它们必须都符合其所反映的事物对象；对事物情况的判断要明确，要有根据，不能含含糊糊，不能是非不清；推理和论证既要思维对象逻辑一贯地确定，又要论证过程中的前提与结论的逻辑规则相一致。在警队负责人的主导下，通过有效运用逻辑思维方法形成的警务发展战略必然是有质量、有根据、可操作性强，而且经得起推敲和检验的。

## 三、用形象思维来想象

宇宙中的万事万物都是有形的，它们在人脑中的第一反映就是形象，由于物质形象的普遍性，这就使得形象思维方法成为人们运用得最为广泛的一种思维方法，并在人们的生活和工作实践中起着重要作用。形象思维的形成，是人脑用事物的表象来进行分析、综合、抽象、概括，当人利用已有的表象来解决问题，或借助表象进行联想、想象，通过抽象概括构成一幅新形象时，就完成了形象思维过程。

形象是客观事物直接或间接在大脑中再现的表象，离开了形象，形象思维就不存在。要提高形象思维能力，必须善于观察，让更多的事物表象进入大脑，以思维表象直接或间接的再现，并通过联想、想象来进行思维，其思维活动过程和结果才会更具创造性。警队在发展战略的构思前，警务研究人员要首先学习掌握大量的可资研究的东西，包括国内外先进的警务理念、思路、方法、手段等，只有在形象思维的作用下，才能掌握大量有用的材料。再如，善于创新创意在于形象思维。警务发展研究必须是在现有的基础上有更多的创新和突破，绝对不是现有警务工作的简单重复。而警务的创新创意，既有警务机制等管理运行软件的创新创造，也有涉及警务科技装备类的创新创造，自然需要警务研究人员以其丰富的形象思维来实现。因为，形象思维的过程是一个情绪活跃的动力过程，也是一个随着情感变化的分析、综合、比较、抽象与概括的过程。一般情况下，形象思维过程表现在五个阶段，即形象感受、形象储存、形象识别、形象创造和新形象描述。形象感受是形象思维的基础，是体验事物生动形象、获得形象思维素材的首要环节。随后，通过记忆、储存这些感性素材，为进一步对这些素材的加工、整理、比较、识别提供必要的条件。然后，创意者又对呈现在感官面前的对象的整体形象作形象分析，从感性具体中抽取出体现事物本质属性的形象，在此基础上，把对象的各个部分、各个方面综合、概括为一个体现事物本质的、具有创意的新的形象。民警郭喜民发明的创意防盗、防爆的电动车充电器的形成过程，就是他从形象感受、形象储存、形象识别、形象创造到新形象描述的形象思维过程。

## 四、用哲学思维导方向

“哲学”一词，起源于希腊文，本义是爱智慧。在汉语中，“哲”字含有通晓事理之意。哲学意味着智慧的开发和知识的追求，是给人以智慧、使人变聪明的学问。因而，哲学思维，是人的认识的最高层次的思维。从宏观上看，它具有世界观意义；从微观上讲，它发挥着方法论的作用。无论是警察自身思想境界的提升，还是警务工作中各类矛盾的有效解决，都需要哲学思维指导。

哲学思维的形成，就是思维主体通过书本的阅读和他人的教育传授，并通过一定的实践体验和理解，在头脑中形成了相应的哲学思维，形成了对于客观世界的基本认识和思维方式，即确立了认识事物的世界观和方法论。这使人们在具有灵感思维、逻辑思维和形象思维的同时，又具有了一种更高层次的思维形式。能够掌握和运用好哲学思维，自然也是警务研究人员思维能力强的重要体现。比如，如何以哲学思维分析和认识问题？尽管人们的世界观各不相同，但是以世界观为基础的哲学思维却普遍存在人的思维之中，并以自觉或不自觉的方式指导着个体认识世界和改造世界的方式。这一特点告诉我们，警务研究人员应该具备一定的哲学思维，并以此作为分析问题、解决问题的基础。再如，如何善用矛盾的观点认识和解决警务实践中的问题？世界观是哲学思维的基础，但由于每个人的世界观不尽相同，在此基础上构建的哲学思维也大相径庭，这就是哲学思维的特殊性。这就更加要求警队负责人要善用矛盾的观点来认识和解决实践中的问题，尤其要贯彻好实事求是的思想路线，以事实为根据，以法律为准绳，坚持严格、公正、文明执法，树立和践行正确的世界观。又如，如何用好事物联系和发展变化的原理看问题、解决问题？警务实践是一个彼此联系和动态发展的过程，在警务发展战略的组织实施中，应当根据警务实践中遇到的新情况、新问题，以及对事物的新认识调整警务策略，坚持与时俱进。同时，也要以全面、联系、发展的观点看问题，坚持“两点论”，反对片面性等。基于哲学思维主导下形成的警务研究成果，才能全面动态地指导警务实践，以更好地辅助警务决策需要。

## 第三节　现代治理理念与警务智库

警务发展和警务工作，说到底是国家治理体系和治理能力现代化的重要组成部分，警务治理必须始终贯彻好党和国家治国理政的思想和理念。

### 一、以人民为中心的发展理念与警务智库

习近平同志曾指出：“人民为中心的发展思想，不是一个抽象的、玄奥的概念，不能只停留在口头上、止步于思想环节，而要体现在经济社会发展各个环节。”这就告诉我们，必须把以人民为中心的思想在认识与实践、思想与实际内在地统一到经济社会的发展上来，当然也应该统一到警务发展之中，体现在警务智库研究的全过程。

一是要更加精准地对接发展所需、基层所盼、民心所向。警务发展在不同地区和不同发展阶段，群众的利益诉求都有所不同，这就要求在我们在研究警务发展和警务工作时，切实落实以人民为中心的发展思想，拿出实实在在的对策举措。要有以人民为中心的主动作为，尤其要转变思维方式和行为方式，不能想当然的、只凭自主意愿来作决策，而要及时了解群众利益诉求和现实利益问题，把民心所盼所需作为提出各项警务决策、开展各项工作的

出发点。从实际出发、从具体问题入手，见物见人，什么问题突出就着重解决什么问题，使以人民为中心的发展思想落地生根，这样就能很好地把警务发展和人民愿望统一起来。现在互联网非常发达，老百姓上了网，民意也就上了网。我们在研究过程中要提出通过网络走群众路线的思路和措施，了解群众所思所愿，收集好想法、好建议，让互联网成为我们了解群众、贴近群众、为群众排忧解难的新途径，成为发扬人民民主、接受人民监督的新渠道等一系列的思路和举措。

二是要坚持警务发展为人民，即把以人民为中心作为引领警务发展的指挥棒，用以谋划发展大局、指导发展实践、检验发展成效，彻底摒弃那些不适应、不适合甚至违背新发展理念的认识和做法，坚决杜绝劳民伤财的“政绩工程”“形象工程”，以经得起实践、人民和历史检验的发展实绩持续提高人民群众的幸福指数。尤其要坚持以人民为中心的发展思想，以此来校正和调整警务发展的方向、路径和方式、方法等，正确处理眼前利益与长远利益、局部利益与整体利益等关系，立足于实际情况作决策，着眼于群众需要谋发展，使警务发展全面、协调和可持续，为我们国家民主更加健全、科教更加进步，文化更加繁荣，社会更加和谐和人民生活更加殷实幸福，作出应有的贡献。

三是真正以人民的愿意为标准。以人民为中心，强调着力践行，要求落地生根，抓住了党治国理政的一个要害问题，也是警务发展的要害问题，有着强烈的针对性，形成了检验警务发展的实践驱动、实践标准。着力以人民为中心的落地环节，就是不能只把口号喊喊、话语讲讲、观点写写，而是要按照警务发展战略确定的路线图和时间表，狠抓落地落实，并在警务战略实施过程中切实回应广大群众所需所盼。这就要求我们的警务研究要提出一些让人民群众认可的思路和举措，真正以人民为发展中心、利益中心、检验中心，真正实现发展为人民、利益属人民、检验由人民，让推动警务发展的过程，成为努力践行立党为公、执政为民的过程。不能搞“政绩工程”“形象工程”，不能“规划规划、墙上挂挂”“规划是一套、做起来是另一套”。从而使城市警务智库研究在推动警务实践中，从根本上转变形式主义作风，使着力践行以人民为中心的发展思想，成为推动警务发展的重大实践，成为活生生的发展现实。

四是始终坚持发展依靠人民。因为，人民群众是历史的创造者，是推动社会变革的决定性力量，也是推动警务发展的决定性力量。正如习近平同志所说：“人民是创造历史的动力，我们共产党人任何时候都不要忘记这个历史唯物主义最基本的道理。”以人民为中心思想，深刻地体现了这个历史唯物主义最基本的道理。这就要求警务智库的研究，始终依靠警队全体同仁的聪明才智和合力。比如，体现在创新发展上，就是要以“聚天下英才而用之”的胆识，注重在创新实践中发现人才、培育人才、凝聚人才，推动全警创业、万警创新，形成凝心聚智聚力干事创业的合力。与此同时，要最大限度地组织动员社会各界共建平安中国的积极性、能动性，把警务社会化建设作为智库研究的重点发展方面，推动形成平安建设“人人为我、我为人人”和“社会共建”“齐抓共管”的格局。

## 二、“五大发展理念”与警务战略

党的十八届五中全会提出的创新、协调、绿色、开放和共享“五大发展理念”，创造性地回答了新形势下我们国家要实现什么样的发展、如何实现发展的重大问题，深刻揭示了实现更高质量、更有效率、更加公平、可持续发展的必由之路，是顺应时代潮流、把握发展机遇、厚植发展的战略选择。这“五大发展理念”贯穿于具有国家经济和社会发展战略功能的《中华人民共和国国民经济和社会发展十三五规划纲要》，是“十三五”规划的思想灵魂。这“五大发展理念”的主要内涵是：创新发展，是指把创新作为引领发展的第一动力，把创新摆在国家发展全局的核心位置，让创新贯穿党和国家一切工作，让创新在全社会蔚然成风，注重解决发展的动力问题；协调发展，是指按照持续健康发展的内在要求，牢牢地把握中国特色社会主义事业总体布局，正确处理发展中的重大关系，不断增强发展的整体性，注重解决发展不平衡问题；绿色发展，是指把绿色作为发展的必要条件和人民对美好生活的重要体现，坚定走生产发展、生活富裕、生态良好的文明发展道路，推进美丽中国建设，注重解决人与自然和谐的问题；开放发展，是指深刻认识开放是国家繁荣发展的必由之路，要奉行互利共赢的开放战略，发展更高层次的开放型经济，注重解决发展内外联动问题；共享发展，是指按照中国特色社会主义的本质要求，坚持发展为了人民、发展依靠人民、发展成果由人民共享，朝着共同富裕方向稳步前进，注重解决社会公平正义问题。

这“五大发展理念”，对于城市警务智库研究推动警务发展，具有很强的指导性，也为城市警务智库研究提供了指南和方向。主要可以从以下这些方面来深入研究和探讨：

一是按照创新发展的理念，深入分析研究破解警务发展的各种难题的思路和对策，尤其是如何通过深化制约警务发展的体制性、机制性问题的改革，并且进一步倡导和实施创意警务，破解“警力不足、动力不够、能力不强”三个“老大难”问题。

二是按照协调发展的理念，深入分析研究警务工作的整体统筹发展、上下左右协调，尤其是探究作为一个城市整体的警务发展如何全面协调和可持续问题。

三是按照绿色发展的理念，深入分析研究警务发展中实际存在的警务布局不合理、不科学和资源分散、无为消耗问题，探究如何科学用警和使用警务资源，最大限度地整合内部警务资源，以及警营生态有待进一步修复和改造的问题。

四是按照开放发展的理念，深入研究警务发展中实际存在的“自我感觉良好，对人家的经验做法不屑一顾”和相互排斥、封锁信息数据共享度不高影响警务大数据功能发挥等问题，探究如何以开放的心态和视野，加强地区之间、警种之间的互动交流、取长补短和紧密协作的机制等问题。

五是按照共享发展的理念，深入分析研究警务发展成果如何更好地惠及人民群众和警队同仁，探究如何以警务现代化建设的实力和能力，让老百姓在更加安全的社会环境享受更优质的服务，让警察同仁把无为的消耗减下来，尽可能“少加班、加点”，尽可能保证基层警察同仁休息休假；尽可能以大数据等科技信息化手段，提高警务工作效率，减少人工作业，降低工作强度。

## 三、现代治理理念与警务智库

党的十八届三中全会通过的《中共中央关于全面深化改革若干重大问题的决定》（以下简称《决定》），就创新社会治理体制的问题，提出了系统治理、依法治理、综合治理和源头治理四种社会治理方式。也就是说，我们要有效提升社会治理水平，就必须牢牢掌握、灵活运用好这四种社会治理的理念和方式。警务发展的过程，从一定意义上说，就是警务治理的过程，自然也应牢牢掌握并灵活运用好这四种治理的理念来治理警务工作中遇到的各种矛盾和问题，提高警务工作效率和水平。因此，城市警务智库研究中，要自觉地以系统、依法、综合和源头治理的理念来指导，积极主动地研究，最终取得相应的智力成果。

一是要注重“风雨同舟”式的系统治理。这是从治理的主体结构所提出的治理理念，也是提升治理水平的根本。因为，治理的结构合理与否，直接关系着治理的效果。警务治理中遇到的各种社会矛盾和问题，是经济社会发展中各种矛盾和问题的综合反映，显然光靠警方一家是难以承担和有效解决的，只有按照《决定》明确提出的“坚持系统治理，加强党委领导，发挥政府主导作用，鼓励和支持社会各方面参与，实现政府治理和社会自我调节、居民自治良性互动”，形成“党委领导、政府主导、社会参与”的“风雨同舟”式的系统治理结构，才能比较好地达到治理目标。这就要求城市警务智库研究，特别是研究构建立体化、现代化治安防控体系过程中，始终要把握治理主体的多元化，在当好党委政府参谋助手和发挥好主力军作用的同时，积极依靠各级党政组织强有力的领导和协调，充分调动各种积极因素，吸纳社团组织、企事业单位和公众的广泛参与，将大量涉及治安稳定的社会性事务和服务性功能交由社会组织和公民社会来承担，并发挥好各种社会组织、公民个体重要的主体作用，包括在治安稳定方面的参与、建议和监督等作用，将各个治理主体整合成一个有机的整体，形成全社会齐抓共管的治理格局。

二是要注重“春风化雨”式的依法治理。法治是治国理政的基本方式，法治思维是进行社会治理的最基本思维。同时，法治是社会治理的合法性来源，也是增强社会治理的权威性和公信力的根本保障，这也是现代治理的重要特征。《决定》提出，要坚持依法治理，加强法治保障，运用法治思维和法治方式化解社会矛盾。社会矛盾问题是任何一个国家和社会都不可避免的问题，而如何运用法治的方式来妥善处理这些社会矛盾问题，则关系着整个社会的和谐与稳定。警务治理的过程本身就是依法履职的过程，是警方推动依法治国的神圣使命的体现，警务治理中遇到的矛盾和问题也只能依靠“法”的标准和力量来解决，唯有依法治理才能体现警务治理的层次和水平。因此，在城市警务智库的研究中，必须按照《决定》关于“坚持依法治理，加强法治保障，运用法治思维和法治方式化解社会矛盾”的要求，着力围绕“如何积极推进警务治理的立法工作”，即针对发展变化的新形势，加快相关的立法进程，将治理工作纳入法制化轨道，确保警务治理真正有法可依；“如何切实按照‘法定职责必须为，法无授权不可为’的原则，进一步承担好法律赋予的职责任务”，即应该在依法加强法律赋予的涉及警方职能的公共安全监管任务，减少和消除大量存在的安全隐患，最大限度地防范和减少公共安全事故及其所造成的人员伤亡和重大财产损失等方面，进行系统而务实的研究，形成可操作性强的对策思路；“如何加强涉及警务治理有关的法律法规的宣传教育”，即进一步引导人们逐渐树立起良好的法治观念，培养人们运用法律途径来维护自身的权益，使各项治理工作逐步走上法治化的道路；“如何加大力度对全体警察同仁和其他治理主体的培训和引导”，即培养其运用法治思维和法治方式处理社会问题、协调社会关系、化解社会矛盾的意识与习惯。

三是要注重“和风细雨”式的综合治理。警务治理的各类矛盾和问题，包括各类违法犯罪和治安问题，仅仅依靠警方的依法打击和管控是不够的，必须依靠包括“道德”等“软约束”，这也是现代治理的基本特征。而“德治”要靠长期的积淀，要经历一个循序渐进的过程，是一种“和风细雨”式的治理方式，其作用一旦得到发挥，就可以起到“润物细无声”的作用，有助于长效治理。在城市警务智库研究中，首先要围绕“如何增进社会道德的认同”，要注意积极培育《决定》所指出的，“要坚持综合治理，强化道德约束，规范社会行为，调节利益关系，协调社会关系，解决社会问题”。要将“文明交通”“义务治安”“抵制毒品”等社会道德，纳入培育和践行社会主义核心价值观的活动，增进人们的社会认同；还要围绕“如何大力褒奖和弘扬见义勇为的先进典型，发挥模范人物的示范带动作用”，用先进典型来感召人、影响人和带动人，以此凝聚社会在维护社会治安方面的正能量。

四是要注重“未雨绸缪”式的源头治理。当前，警务治理中遇到的各类矛盾和问题，主要发生在基层，许多矛盾和问题就是因为当初源头上未彻底解决而“发酵”蔓延成势。只有从基层基础入手，从源头上治理，抓小、抓早、抓苗头，才能既有效解决问题，又防止和减少问题发生的频率。为此，我们在城市警务智库研究中，应注重按照《决定》关于“坚持源头治理，标本兼治、重在治本，以网格化管理、社会化服务为方向，健全基层综合服务管理平台，及时反映和协调人民群众各方面各层次的利益诉求”的要求，“切实加强基层基础建设，推进基层网格化管理”，让社区民警有更多的时间和精力深入“千家万户”，了解社情民意，并依靠基层组织，发现和化解社会矛盾，促使矛盾在基层、在源头得到及时有效的解决；“进一步畅通民意沟通渠道”，通过定期的警民恳谈活动和网络平台，不断地了解老百姓的利益诉求和意见建议，及时了解掌握和解决老百姓关切的治安问题，改进警务治理工作，不断增强服务能力，提高警务治理的能力和水平；“大力建设各种有益于警务治理社会组织”，发挥其利益表达与协调功能，通过协商对话机制，公正地处理好群众的各种利益诉求，最大限度地调动广大群众共同参与社会治理的积极性和能动性，为城市社会的长治久安打下扎实基础。

# 第四章 警务战略与城市警务智库

城市警务智库，应是为城市警务发展提供智力支撑的成果汇聚之库。智库汇聚的成果中，既有当前实战需要的，也有为警队长期发展而准备的；既有战术性的成果，也有战略性的成果。这几年，各地警界围绕警务改革创新，也动了不少脑筋，成果颇丰，但主要还是就某一方面工作和举措等战术性的研究成果比较多，警务发展战略上的理论研究成果及其实践比较少。现在各地警方对警务发展都有自己的想法，也纷纷推出了一些奋斗目标和改革举措，但总体而言，由于公安机关的纪律部队属性，大多数人都有“上级怎么说我就怎么干”的思维定式，或因上级部署要求非常具体而感觉“不必再多发挥”；或受上级绩效考核的制约，认为“工作必须迎合上级考核的现实要求”，否则体现不出成绩；或受主要领导交流制度影响，认为“必须有个好绩效，拿出点成绩来”，往往只顾眼前利益和看得见的绩效，不太顾及长远的发展；或重视一线执法管理的战术研究，忽视战略层面的考量等，由此导致一些城市公安机关重对策、重战术，但在警务发展战略上普遍不太注重，用心不多，下功夫也不太够，这对城市警务发展是非常不利的。例如，“辱母杀人案”中，看似是一些基层民警接处警有不规范和不到位的问题，但实质上应该是上级机关对于基层接处警中存在的诸如经济纠纷类警情如何有效处置的现实问题和困惑调查研究不够、有效指导不多，特别是对新形势下涉黑涉恶违法犯罪的“转型”缺乏深度的分析和对策研究，以致不法分子钻法律空子，以“讨债”为名使用软暴力恣意骚扰、折磨所谓的“债务人”，在一定程度上影响了老百姓的安全感。诸如此类问题，只有从警务发展战略的层面来研究，并且形成相应的机制，才能有效地予以破解和应对。由此可见，全面加强城市警务战略研究刻不容缓，应该成为各城市警务智库发展过程中的首要任务。

# 第一节　城市警务战略的概念、特征与警务智库

## 一、战略的概念和特征

战略是指对重大的、带有全局性的或决定全局问题的谋划和策略。凡是关系到全局的存在、巩固和发展的问题，凡是涉及组织整体活动目标、方向、未来发展、成败和根本效益的问题，凡是在全局中带有共性并有指导作用的问题，都是战略问题。战略的真正目的就是要解决一个地区、一个单位的发展问题，即战略的本质属性是发展，而且是快速、健康和持续的发展。基于上述对战略内涵的理解，战略的特征可以从以下几个方面来认知和理解：

一是全局性。战略一般都是指导全局的谋划和策略，而非针对局部问题的策略，它具有全局性。当然，全局性具有相对性，表现在不同的时间、不同的地点、不同的事物有不同的全局。例如，特定时期特定范围的战争，有特定的战争的全局；特定时期特定空间的经济社会发展，有特定的经济社会发展的全局；在经济社会发展中包括警务发展中，一个县、区有一个县、区的全局，一个市有一个市的全局，一个省有一个省的全局，一个国家更有一个国家的全局。但是，只要涉及全局性的问题都应该是战略问题，对于全局性问题的决策都是战略决策。

二是长远性。战略要解决的问题大多是需要一定的时间和经过一定过程才能解决的大问题，绝不是立即就可以解决的具体的小问题。当然，长远性也是相对的，实际上是以人生作为参照系而言的，比如说 5 年、10 年、15 年、20 年等，这个“等”就是长远了。由此，一些年度工作计划甚至更短时间的阶段性工作方案和就事论事的工作意见，都不能认为是战略或战略决策。

三是主导性。战略在一定的时间和空间范围内，对于其相关组织和个人的行为都具有主导性。当然，这个主导性也是相对而言的，只有针对事关生存和发展的重大问题的战略决策才具有主导性。

通过对上述三点战略特征的了解和理解，我们可以比较好地区分战略与非战略，即战略是一种决策，但不是任何一种决策都可以称为战略决策，只有关于全局性、长远性和主导性问题的决策才能称为战略决策。而有些人为了突出自己所作的决策的重要性，人为地把自己对本单位、本部门有关问题

作出的决定称之为“战略决策”，这其实是由于对战略的含义理解不清和把握不准确。战略决策是一个体系，而不是片段的构想。战略决策是为了全局性、长远性和主导性问题的解决，基于对环境的科学分析和自身条件的正确估量，而对战略方针、战略目标定位、战略重点选择、战略阶段划分和战略对策采取所进行的系统决策，这是一个系统工程。战略与对策和策略不可混同。就发展任务和战略的关系而言，人们是为了完成一定的经济社会发展任务而制定的战略，战略也是人们为实现一定目的而采取的手段。但如果就既定的战略目标和实现战略目标的对策和策略而言，战略就是目的，对策和策略就是手段，两者不能混同。战略与计划是不同的概念。战略是一个决策的体系，包括战略方针、目标、重点、阶段和对策等，而计划只是规定了发展任务，不成体系；战略有一个相对较长的主观预期，而计划包括日计划、月计划和年度计划等，一般期限很短；战略一般是指导性的，而计划是指令性的，两者不能混为一谈。

## 二、城市警务战略的概念和特征

城市警务战略，是指一定时间内对城市警务发展方向、发展速度与质量、发展点和发展能力的重大选择、规划及策略。它可以为警队指引长远发展方向，明确发展目标，指明发展点，并确定警务发展需要的发展能力。警务发展的真正目的就是要解决制约警务发展的问题，实现警队和警务事业的快速、健康和持续发展。城市警务战略既有与其他经济社会发展战略相同的特征，也有作为警务发展的特殊性。主要特征如下：

一是地域性。每一个城市的警务发展战略，都是基于所在城市警务发展所处的特定的地理环境、经济社会发展水平和人文环境等因素，并且都是针对所在城市和区域的平安建设实际需求和发展愿景而提出来的，各城市的警务战略一般不宜简单效仿，更不能照搬照抄。

二是发展性。发展是战略的本质要求，也是城市警务战略的根本所在。从这个意义上讲，城市警务战略的制定和实施应更多的聚焦到当地警务的长远发展上，应该在全面、协调、可持续地推进平安建设和警队建设上，确立战略愿景和目标，选择实现战略蓝图的方法路径，而不能为了一时的所谓“警务绩效”和“面子”“牌子”而急功近利，搞“形象工程”。

三是系统性。城市警务战略是对某个城市未来警务发展的系统构思和整体谋划，需要上下左右、各地各部门围绕这个城市警务发展愿景和目标进行系统的、整体的设计、制定和推进。城市警务管理者要从全局和整体的角度思考和组织推进全市的警务发展战略，各中层和基层的警种、部门也要从大局、全局出发构思好各自贯彻落实发展战略的子战略（或业务战略）。

四是长期性。城市警务战略是对某一个城市公安机关和警务事业未来发展的战略构想，是未来警务发展的规划图和路线图。这就决定了在制定城市警务发展战略时，必须要有前瞻性，科学地预测未来发展的趋势，所制定的战略愿景和目标要有长远的、超前的考量，与此同时，在执行和落实警务战略的过程中，应既立足当前又考虑长远发展，特别是对必须经过长时期艰苦努力才能实现的战略目标，更应该坚持不懈地持续推进，以真正体现“一张蓝图绘到底、功成不必在我、久久为功”的战略定力。

五是关联性。城市警务发展战略的制定和实施，必然涉及警队内部上上下下和方方面面的协作，必须同心同德携手奋进；必然需要政府各部门和社会方方面面的支持，必须在地方党委政府的领导和协调下，加强警方公共关系和警务工作社会化建设。

## 三、城市警务战略与智库战略研究的意义

加强城市警务战略发展的智库研究，主要是基于城市警务发展对我国整体警务发展的基础性和战略性作用来考量。现实中，有些地方没有制定系统可行的城市警务发展战略，或者虽制定了初步发展战略，但在实际运作过程中，没有认真执行和实施拟定的发展战略，而是盲目根据上级的部署特别是专项行动、专项工作的部署，组织推进相应的工作，使自己的发展战略与上级的部署要求脱节，导致无法实现自己的发展战略意图和目标，逐渐失去发展机遇，最终习惯于按照“上级怎么说我就怎么说、怎么干”的思路来组织推进工作，习惯于运动式、突击性的思维方式和工作方法。另外，虽然看上去各级机关警种部门层层对下都有指导，甚至部署得很细，但到了基层往往都围绕专项行动和专项工作的数据在工作，为了这些所谓的绩效，集中人力、物力、财力等主要资源去提升绩效者有之，偏重专项行动、专项工作而弱化其他工作者有之，聚焦破案打击而忽视基层基础工作者有之，只要看得见的绩效好、“一俊遮百丑”者有之，甚至弄虚作假的也不乏其人。长此以往，城市警务发展战略没人重视、功能无法体现，就不可能显示出其应有的价值。

全面加强城市警务战略研究与实践，对于城市警务发展无疑非常重要，应该成为各地城市警务智库的主要工作任务予以重视和加强。城市警务智库的战略研究意义至少有以下五个方面：

一是有助于警务发展的宏观把控和聚焦发展方向。城市公安机关是一个承上启下的重要环节，上承接公安部和公安厅局的部署、指令，下统领一线

基层单位和实战部门，如果是“照葫芦画瓢”式的接受和贯彻上级部署、指令，而不注重本地警务的战略研究和实践，很可能一年到头忙忙碌碌却又碌碌无为，看似事情没少做、苦没少吃，但给警务发展作了什么贡献又留下来多少成果，往往很难有令人满意的答案。如何既使各项警务工作不断地、有条不紊地发展，又能不断夯实基础和提升能力？唯有加强警务战略管理。只有在调研分析的基础上，制定有利于警务事业发展的愿景和目标，并结合日常警务工作，有计划、持续不断地推进和落实，才能既有效地贯彻落实上级的工作部署和指令，又聚焦和提升发展能力、增强发展后劲，为一方平安打下更加扎实的基础，提供更好的保障。

二是有助于警务发展当前与长远矛盾的协调。一些城市公安机关之所以不太注重警务战略的制定和实施，很大程度上是因为其忙于或疲于应对日常的警务工作以及上级下达的绩效考核，只顾当前不顾长远、只顾“显绩”不注重“潜绩”。这种警务发展中存在的当前与长远之间的矛盾如果处理不好，往往会导致警务基础越来越薄弱、后劲越来越不足，很难适应改革发展对城市警务工作的要求。如何破解这一突出矛盾，珠海等一些城市公安机关的实践表明，在正常警务工作的同时，更多地通过警务战略管理，实事求是地谋划警务发展愿景和目标，科学地规划警务发展的思路和实践路径以及阶段性的安排，并持之以恒地加强战略执行和落实，经过5年多的初步努力，不仅当前工作绩效较好，而且整个警队事业生机勃勃，呈现良性发展。

三是有助于警务发展的全面有效推进。这几年，许多城市公安机关也开始有意识地探索实施警务战略，但总体而言还与警务战略管理的要求存在差距，特别是在所制定战略的系统性、整体性、关联性和科学性上还有距离，往往单项性的战略比较多，而且不注意某项战略实施与其他方面工作的关联，极易导致“按下葫芦浮起瓢”，问题此起彼伏。要全面有效地推进警务发展，唯有通过警务战略管理，从各地警务工作所遇到的实际情况出发，在全面调研后构思城市警务发展战略，并从警务发展战略目标的制定到战略实施等各个环节，进行全面的战略指导和管理，这样才能确保各项警务事业全面协调发展，各项警务工作全面有效进行。

四是有助于警队同仁战略思维能力的提升。城市警务战略的制定和实施，不只是制定一个复杂规划和抓一抓规划的实施那么简单，前提是制定战略规划的人包括各级各部门的负责人，好的警务发展战略还需要依靠团队全体同仁的智慧，集思广益和群策群力才能形成。在制定和实施警务战略的过程中，要经常性的对战略实施情况跟踪问效，这样“在干中学，在学中干”，必然是对警队同仁特别是各级警队负责人战略思维能力的很好锻炼和提高。

五是有助于警队生态的修复和建设。警队的生态是实现警务战略愿景和目标的重要支撑，与此同时，良好警营生态的修复和建设也需要用战略管理的方法来推进和实施。苏州等地警方把警营生态建设作为整个警务现代化发展战略的重要组成部分，并且运用生态学和战略学的原理制定和实施了警营生态建设发展战略，以 37 个指标项拉动警队生态的修复和建设，这样以战略思想和战略管理来建设警队的做法，日益凸显出战略管理对警队生态建设的必要性。

## 第二节　城市警务发展的价值取向与警务智库

研究城市警务战略，并为城市警务发展提供必要的智力支持，这是每一个城市警务智库的主要任务。如何有效地担当起这一重要使命，要求智库研究团队必须掌握战略研究的规律，特别是战略发展的价值取向，以期使智库的研究成果符合战略发展的规律和要求。主要在以下四个方面来研究把握：

### 一、总体取向与警务智库

智库研究人员并不一定要精通某一门学问，但他却必须对多种不同的学问都有相当的了解，更重要的是，他在思想上绝对不可钻牛角尖。换言之，警务智库的战略研究人员的眼光必须是宏观而不是微观的。诚如国际战略思想家安德烈·博福尔所云，战略本来就是一种思想方法，此种思想方法的最大特点即其所采取的步骤与一般人（包括专家在内）所采取的步骤恰恰相反，是从合到分，从大到小，从远到近，从上到下的。简而言之，即先考虑总体，后考虑部分。所以，战略是一种综合性的思考程序，以最后目标和最高路线为起点，即总体取向。一般人的通病是“只见树木不见森林”，而作为通才的战略研究人员则必须“先见林后见树”。美国的战略思想家勒特韦克曾经指出，“战略要求把许多个别问题纳入一个系统之中，并拟订长期计划以解决整体问题”。“把问题分开来处理，那只能算是战术思想而不是战略思想，战略思想具有综合性、整合性和全体性。它是一种辩证法，使似乎是分离的和矛盾的因素能合二为一。因此，不要单独地只想解决某一问题，或对某一事件作孤立的思考。不要只寻求部分问题的解决，而不考虑其对整体的影响。”战略思考的总体性又会带来另一种要求，那就是当战略思考任何问题时，都必须保持“朝大处想”的心态。诚如《前进战略》一书所云：“大战略仍然还是一种‘可能的艺术’，最后的目标并非一蹴而就，而必须一步一步地达到。所谓‘可能’不应仅以眼前所能见者为限，还应在拟定行动范围时必须具有勇气、魄力和想象力，对于某一大目标的坚持和信心实为任何大战略的焦点。”战略制定绝对不可以“小儿科”，必须经常记住大战略这个名词中的“大”字，必须心胸广大，始终能识大体、顾大局、成大事。

对于城市警务智库的战略研究而言，真正称为“警务战略”的必然是针对某地警务发展的“大趋势”“大格局”而作出的对于未来发展的“大”的谋划，是立足当前基础上对于未来一定时期警务发展的诸多方面整体推进的“大”的构思。从这个意义上讲，城市警务战略研究的成果，绝对不是当前一段时间的警务工作安排和计划，不是某一项或几项警务工作的规划，也不是突出某个警务发展重点方面的设计，而必须是站在整个城市警务发展的系统和整体的角度来进行思考和谋划。

## 二、主动取向与警务智库

战略的本质是行动的指导。战略研究以思想为起点，以行动为终点，为战略行动提供综合指导。无思想即无计划，无计划自然也就不能采取合理有效的行动。反言之，若不想采取某种行动，则不需要制订计划，甚至也无思考之必要。博福尔指出，战略家的最终目的是改变历史潮流，所以，既不可“坐以待变”，也不可满足现状，而必须采取主动积极的行动，以求控制世局的演变，诱导历史的走向。“主动取向”一词，强调了战略家的思考与行动应具有积极主动的精神，不可消极被动。在思想、计划、行动三个层次之中，思想的境界最高，最具有抽象性和总体性。战略研究必须具有主动取向，这也是古今中外战略大家的共同认识。孙子在《孙子兵法·虚实篇》中明确指出：“善战者，致人而不致于人”，意为应该力求主动而切忌被动。在《孙子兵法·势篇》中又说：“形之，敌必从之；予之，敌必取之”，所谓“动敌”，即采取主动作为而使敌方陷入被动，以至于一切行动均在我方控制之下。孔子又非常重视求先，所谓“先”，也就是在时间方面的主动，亦称“先下手为强”。

对于城市警务智库的战略研究而言，制定和实施警务战略是某一城市公安机关根据警务发展的现状，把握警务发展的机遇，主动思考和谋划未来警务发展的战略规划，并以只争朝夕和抢抓机遇的态度来组织推进警务发展的行为。从这个意义上讲，城市警务战略的制定和实施，是城市公安机关的主动作为，是有效把握战略机会的行动。这就需要城市警务智库研究人员，本着对警队事业高度负责的精神，善于发现和抓住战略机会，积极主动地构思本地警务未来发展的战略，并积极向警队负责人建言献策，以战略主动赢得发展良机，推动警队事业不断发展。

## 三、前瞻取向与警务智库

“战略不是为了今天而设计的，而是为了明天着想”。所以，战略思考的首要问题应为如何创造历史，控制未来。孔子强调“先知”，也强调“远虑”，认为思想必须要有未来导向。事实上，深谋远虑比危机处理更为重要。危机若能在尚未形成时化解，也就自然不需要在紧急状态下进行危机处理了。若想预防、避免危机，或有较好的准备，则需要进行前瞻思考。前瞻思考即远程思考，其首要的心理条件即为养成完整的未来意识，做到这点，方能把握正确的观念方向。远程思考不能仅以现有的经验为改变，有时还必须以假定为基础。简言之，必须彻底改变传统的思考习惯，要重视明天而不是今天，要求新而不是守旧。所以，战略家必须有博大的见识、敏锐的思维。从事远程思考者，不能把眼光只集中在某一定点上，而必须同时考虑多种不同的变局，他必须尽量放大思考范围，不企图作任何精确预测，并把一切可能的发展方向都列举出来。必须运用智慧以寻求新的途径。不仅要发现新问题，而且还要应对旧问题，寻求新的答案。在对未来的问题寻求答案时，又不应假定所能使用的工具仅以现有为限，在前瞻的思考中必须考虑如何发挥新的潜力。总而言之，深谋远虑须有方。既不能安于故俗，又不能徒托空言；既不能与现实脱节，又必须发挥高度的想象力。所以，这实在是一种高难度的工作，战略家必须有丰富的学识、弹性的心灵、高度的智慧，方能达到“先知”的目的。

对于城市警务智库的战略研究而言，警务的发展不但要看当下，更应该顾长远。不能被眼前的良好发展状况所麻痹，要意识到现在发展好，并不等于将来一直这样好；现在没有紧迫感，将来必然落后和被动。与此同时，思考问题时一定要打破思维定式，跳出传统思维的框架，具有前瞻性地分析、预测未来的情形，思考和谋划如何适应未来发展的新趋势。从这个意义上来讲，城市警务智库研究人员必须在树立强烈的危机感的同时，更多地分析、思考未来发展问题，既要看到未来可能会遇到的问题，又要思考和谋划未来发展的良策，及时提出带有前瞻性的发展战略，为警队负责人的决策提供依据，为今后的发展争取主导权、主动权。

## 四、务实取向与警务智库

战略研究必须具有务实取向，但却知易行难。力求务实取向，应坚持以下原则：一是战略思想是抽象的，但又不可过分抽象。抽象化的思考固然重要，但绝对不可过度，否则就会言过其实，甚至有名无实。二是必须认清时空背景，否则战略思想就会不切实际。三是战略是长期的，它不是“速溶咖啡”，可以“现冲现喝”。所有的战略计划都需长期设计，所有的战略行动都是长期斗争，所以战略研究也要具有连续性。虽然并非天天都要采取战略行动，但必须连续不断地作战略思考。所以，“战略行动是周期的，战略思想是永恒的”。四是战略必须具有弹性。战略领域中充满了不确定性，不仅未来的变化很难预测，而且对方的意图也不可控制。所以战略（包括思想、计划、行动）必须保持充分的弹性，能够随机应变。蒋百里先生有句名言“骨头要硬，头脑要软”，前一句表示为人处世必须要有坚强的性格，后一句就是要求思想必须具有适当的弹性。五是战略要有切实可达的目标。

所以，战略制定的标准主要有：第一，适合性。简言之，此战略是否能够达到预定或理想的政策目标。第二，可行性。不可行的战略当然不能采取，否则不仅劳民伤财，而且还将招致大祸。第三，可受性。那就是其财务成本是否可以接受。战略思考必须学会“打算盘”。总而言之，战略研究虽已有高度理论化的趋势，但它具有务实取向，并不会因此而使战略研究变成与实际脱节的“纸上谈兵”。

对于城市警务智库的战略研究而言，既要重视警务发展战略的制定，又要注重所制定的发展战略的科学性和可操作性。从这个意义上讲，作为城市警务智库的研究人员，既要积极主动和大胆制定警务发展战略，又要坚持实事求是的科学态度，尽可能让其制定的发展战略符合发展规律，既有前瞻性和创新性，又有可操作性，并在实施过程中“稳扎稳打”、真抓实干、务求实效，坚决防止“好高骛远”、不切实际和急功近利、短期行为。

综上所述，战略发展研究的这四种取向，对城市警务智库在警务发展战略的构思和形成极具指导性。一是把握总体取向，从“大”处着眼想问题，有助于所构思战略的“高起点”和“大容量”；二是把握战略主动取向，在思考与行动上求主动，有助于构思战略的先导性和计划性；三是把握前瞻取向，立足当前，展望未来，有助于构思战略的深谋远虑和驱动引领；四是把握务实取向，实事求是、真抓实干、稳扎稳打，有助于构思战略的实用管用，并取得实实在在的目标绩效，实现警务发展的战略意图和愿景。

# 第三节 城市警务战略要素与警务智库

战略要素，是指任何一种类型、规模和层次的发展战略决策，都必须具备的基本内涵。城市警务发展战略决策，当然也应该有自己的战略要素，即必须有战略方针（指导思想）、战略目标、战略重点、战略阶段、战略对策等基本要素。制定战略，就是确定各个战略要素的基本内涵。这些基本要素的构成，形成了警务发展战略的框架。研究城市警务战略管理，必须首先对战略决策要素进行研究。

## 一、战略方针与警务智库

所谓战略方针，是从战略角度，即从全局的和长远的角度概括地回答某地某警种部门在一定时期内，为何发展和如何发展的问题。战略方针也称作战略“指导思想”，它是一项战略决策的大纲，是制定战略目标、战略重点、战略阶段和战略对策等其他战略要素的依据，因而是整个战略的灵魂。一定意义上说，一项战略决策水平的高低，主要体现在战略方针的制定水平上。警务智库研究提出战略方针，必须把握以下几点：

一是突出导向性。导向性是战略方针的首要要求，也是战略方针的核心所在。没有任何导向作用的战略方针，是毫无意义和毫无用处的。当然，战略方针的导向性关键是战略方针的科学性、可行性和表述的精确性，特别是科学性与可行性的有效统一。

二是统一性。主要是指在战略指导思想中，不能既有顺向引导又有逆向引导，也不能用模棱两可的语言来表达战略意图。比如，在警务发展战略的指导思想中，如果既提出“以民本导向警务”，又提出“大幅度提升打处能力”“全面加强基层基础建设”和“从优待警”等要求，而且都用了很“极端”的语言来表述，这样看似兼顾了这些方面对警务发展的重要性，但其实是模糊了这几者之间的关系。因为，在现实中许多地方的警队往往习惯于把“打处”作为最能体现绩效和能力的主要方面，把警察加班加点作为常态，把基层基础工作作为逢会必讲的内容，但实际工作往往不多，把从优待警仅仅理解为提高政治和生活待遇，等等，这样表述的指导思想，不仅概念模糊而且导向性不强。正确的表述这几者的逻辑关系应该是：“更加重视从优待警”（以调动广大民警的工作积极性、能动性）、“既有效地打击犯罪，又重视强化基层基础建设”（打防并举综合治理）、“让老百姓更安全更满意”。

三是稳定性。一项战略决策的实施，少则需要几年多则需要十余年或者更长的时间。在这段较长的时间里，战略重点、战略阶段、战略对策都可能因客观形势的变化而调整，甚至战略目标的具体要求也可能调整，但战略方针，即战略指导思想一般不可以任意改变。实践证明，一个导向明确的、有动员力的，而且稳定的警务发展战略方针，往往能使警队上下同心、众志成城、坚定不移、一往直前地去争取战略的实现。相反，若经常不断变换战略方针，特别是换一个主要领导就马上换一套战略方针，就会使警务战略的贯彻实施者有一种“朝令夕改”和“无所适从”的感觉，从而动摇对贯彻警务战略的信念，甚至影响警队的价值观。

## 二、战略目标

战略目标是战略决策的基本要素之一，是战略主体在一定战略期内谋求发展而具有全局性、长远性的奋斗目标，也是战略预期要达到的总要求、总水平和总任务。警务发展战略的战略目标，决定着警队未来发展的战略重点、战略阶段和战略决策。如果战略目标尚未确定或目标不明确，那就难以确定战略重点、战略阶段和战略对策。所以，战略目标是警务发展的核心。

与相对比较抽象和不能直接付诸实施的战略目的不同，战略目标是具体的、可以实施的，它是一定时期内力求达到的具体要求。战略目标包括定性的目标和定量的目标两个部分。定性的目标，如“5 到 10 年内基本实现基本警务现代化”“5 年内建成立体化、现代化治安防控体系”等，它给所在警队展现一个宏伟的发展愿景，但它是不具体的，只是一个定性的目标。这样的定性目标在实施中无法分阶段进行进度安排，战略期满后也无法进行精确的评估。所以，必须有定量的目标来补充。定量的目标就是发展指标，如“5 年内将违法犯罪警情控制在什么程度”“全部刑事案件侦破要维持在什么水平”“侦破案件中科技信息化占比要达到什么水平”“合成集约作战在各项警务主业中的占比应达到多少”，等等，或是有明确具体的达标数字，或是有明确的占比。只有把定性与定量的目标结合起来，才能形成一个完整的战略目标体系。城市警务智库在研究提出“战略目标”方案时，必须把握以下几个要点：

一是注重前瞻性。战略是面向未来的，是追求现实中还未有过的东西，包括未曾达到过的水平、未曾达到过的发展速度，以及未曾达到过的完美程度。因此，制定的战略目标一定要向前看、向远处看、向高处看。如果战略目标只局限于眼前，那就没有任何导向作用了。

二是注意多元性。一个警队是一个复杂的有机体，它的功能是多方面的，它的发展也是多方面的，因而战略目标就必须具有多元性。比如，警务发展必然涉及体制、机制的改革完善、警队内部资源的整合和重新调配、科技信息化的深度建设与运用，以及警察素质的培训和提升等，这些既有反映警队硬实力的内容，也有反映警队软实力的发展内容。警务发展目标应该是硬实力与软实力相结合的，警队内部各子目标相互协调的目标体系。

三是要有可操作性。无论战略目标设计多么完美，如果无法操作那就毫无意义。现实中，有这样两种目标是不具有可操作性的，一是好高骛远、脱离实际的目标。比如，有的战略目标提出，要在多少年内成为“全国犯罪率最低的城市”“全国最平安的城市”“全国警务智能化程度最高的城市”等，这样的目标显得非常高调，实际也无法衡量和评估。二是过于抽象的目标。比如，上文说的全国“最”的概念的目标，过于抽象，无法界定，自然也无法实施。此外，还应该尽可能关注战略目标中各具体指标项的协调性。

按照以上三个方面的要求，必然可以制定出科学、先进并能够执行落实的战略目标。

## 三、战略重点

所谓战略重点，就是根据战略方针，保证战略目标得以实现的重点发展布局。就一个地方而言，不仅警种部门颇多，而且警务工作的门类也很多，围绕警务发展战略目标和实现战略目标，重点在于如何科学合理布局战略，这对警务发展战略目标的实现意义重大。战略重点，既是在实现战略目标的过程中各级各部门组织实施的工作重点，又是各级各部门领导需要高度关注和紧抓不放的重点，还是警务资源配置需要倾斜的重点。城市警务智库在提出可供选择的警务“战略重点”方案时，应该考虑到以下几点：

一是必须对战略目标的实现有“支柱”作用。即通过重点发展可以对当地警务发展起关键性、支撑作用的工作事项，如体现和支撑警务主业的“维稳”“反恐”“打防犯罪”等工作。

二是必须对战略目标的实现有“解颈”作用。即通过重点推进和突破可以缓解警务运作矛盾和压力，甚至可以破解发展难题的工作事项，如“合成作战”等警务机制的改革创新工作。

三是必须对战略目标的实现有“驱动”作用。即通过重点发展可以带动各项警务工作整体推进的工作事项，如事关警务现代化建设的各项重点工作。

四是必须对战略目标的实现有“牵引”作用。即通过重点发展可以改变警务发展模式和质态的工作事项，如警务大数据的建设和运用，适应以审判为中心的诉讼制度改革的工作等。

## 四、战略阶段

所谓战略阶段，就是一项战略规划从开始实施到最终完成所预定或经历的全部时间。它有两种界定方法，一是制定战略规划时，预先划定的完成战略任务所需要的时间；二是完成同一战略任务实际经历的时间。这两种界定方法的战略期的长短可能一致，也可能不一致，在不同的条件下，可以采用不同的界定方法。一般来说，战略阶段与所需完成的战略任务相对应，其战略期不能少于5年，既然是警务发展战略，那它就要明显区别于年度计划和一般性的专项工作方案，因此其预定的战略期要在5年以上，因为5年以内，无法实现一个“战略”任务。警务智库在提供警队领导决策的发展“战略阶段”方案时，一般可以将其分为以下三个阶段：

一是准备阶段。是指为实现战略目标进行准备，并为快速发展进行预热的起步阶段。这一阶段对于发展速度的要求并不高，重点是为下一个阶段的全面发展做好准备。其内容包括制定各种实施方案、完善体制和机制等。

二是实施阶段。是在上一阶段的基础上，为实现战略目的而加快发展的阶段。这个阶段对发展速度有一定的要求，警队内围绕战略目标的各个环节都应紧锣密鼓和快马加鞭地展开，整个警队内部各个方面和部分都有节奏和有序地进行工作推进，警队发展目标的实现与否决定于这一阶段的绩效。

三是完善或调整阶段。这是为了实现警务发展战略目标而进入的最后一个阶段。在战略主要实施阶段，尽管主要工作任务都有比较好的进展，但也会发现一些发展不平衡、不协调的问题。为此，必须通过相应战略调整来补齐“短板”“弱项”。在这一阶段，既要“拾遗补缺”，也可以“锦上添花”，力求取得更好的发展绩效。

## 五、战略对策

所谓战略对策，是为了贯彻战略方针和实现战略目标而运用的手段和方法。它是战略决策的基本要素之一，也是战略决策中最为主动多样的部分。对策，也称作策略。它与战略的关系是：战略统领对策，而对策服务和服从于战略；战略调整了，对策也需要作相应的调整。科学有效的对策可以使战略意图得到充分落实，甚至得到更好的结果。城市警务智库在提出实施警务战略的“战略对策”方案时，应该把握以下几点要领：

一是针对性要强。对策就是针对实现战略目标的需要而采取的应对之策，必须对症下药。那些与警务战略和战略目标“南辕北辙”“风马牛不相及”的对策，显然是无效和没有意义的。

二是倡导多样性。战略对策作为完成战略任务的路径、手段、方法，自然越多越好，因而应倡导战略对策的多样性。特别是实现一项战略任务，往往需要经历几个战略阶段，需要从各个方面努力，因此就需要提供各种各样的对策。

三是要有可操作性。对策既然是实现战略方针和目标的手段和方法，因而它必须具有可操作性，要使进行战略实施的各级各部门乃至一线的警察同仁能够用来解决实际问题，不能只提出大而化之的、相互雷同的和“隔靴搔痒”式的方法，令人无法实际操作。

四是要把握层次性。即必须针对各个层面的实际操作形成相应的对策，形成一个层次分明的对策体系。这样，警队各级各个层面在执行和落实战略决策时，才能有所遵循。

五是注意灵活性。在各项警务战略决策要素中，战略方针、战略目标、战略重点、战略阶段等要素一般都具有稳定性，唯有战略对策具有灵活性，即可以根据警务发展战略实施的内部和外部环境、条件的变化，灵活调整和采取相应的对策。“情报信息主导警务”，就是要求我们务必根据警情的发展变化灵活采取相应的对策，以提高警务工作的针对性和实效性。

例如，苏州警方以“侦查环节的刑事和解制度”来推进警务法治战略。乍看起来，刑事和解只是一个警务机制，但上升到推动全警执法规范化的层面就是一个战略问题。因为，长期以来，一些城市公安机关往往以破了多少案件和打击处理数量多少作为衡量一个单位工作绩效的主要依据。他们为了显示自己的能力和工作绩效，千方百计追求破案、打击数量，导致一些单位和警察个体急功近利，有的甚至为了数据违法违纪。苏州还发生过刑讯逼供案件，并造成了不良影响。为了从根本上解决功能性的执法办案问题，苏州警方在2009年取消破案打处指标的同时，探索建立刑事和解制度，即对于轻微刑事犯罪，在依法取证到位的前提下，不采取刑事强制措施和提起检察机关起诉的，可以按规范程序进行和解，让受害人得到相应的补偿，让加害人得到相应的警示，并对于加害人因为家庭经济困难一时拿不出钱补偿被害人的，可通过刑事和解救助协会先垫资给被害人，由加害人通过劳务予以偿还。这一制度的实现，就是基于警务发展的法治战略的考量。第一，推行这一制度的战略目的，是改变警察的执法办案理念，推动社会和谐（战略方针）。第二，推行这一制度的战略目标，是对于轻微刑事犯罪不需要采取刑事强制措施的，通过刑事和解制度，和解率达到80%以上（战略目标）。第三，推行这一制度的战略机会，是抓住因为发生了有影响的刑讯逼供案件而反思和倒逼执法规范化的契机，从根本上调整执法理念和思路，改变执法办案的习惯，从重言词证据到依法通过科学技术和物证来确认犯罪（战略重点）。第四，推行这一制度的战略政策和举措，是在统一全警思想认识的前提下，结合检察机关和法院依法制定操作规范，制定内部运作办法和机制以及相应的检查考核办法等，确保有序推进（战略对策）。第五，推行这一制度的战略步骤为：第一步先进行调研试点，获得一定的经验，并会同有关司法机关制定操作规范；第二步扩大试点，进一步发现问题加以改进；第三步全面推广实施，在全市实行该项制度（战略阶段）。

从提出战略构思到全面实施，前后 5 年多，经过不断的磨合和完善，刑事和解已经成为全市警方重要的执法方法，并且取得了很好的效果，基本实现了最初确定的战略意图和目标，极大地推动了全警执法理念的更新和良好执法习惯的养成，不仅从根本上杜绝了执法不规范的行为，而且侦查办案数量逐年增加，质量也逐年稳步提高。

# 第五章　构建城市警务智库的总体思路

当前，全国各地发展智库的热情空前高涨，各种类型的智库不断涌现，对于建设城市警务智库，我们必须坚持科学性原则，不能过于追求速度，而忽略了质量。诸葛亮在《诫子书》中说道，“慆慢则不能励精，险躁则不能理性”。城市警务智库建设既需要有“时不我待”的紧迫感，又不能过于奢望“一蹴而就”，要对智库建设的一些最基本的问题进行梳理，避免由于认识上的误区而影响智库的健康发展。要紧密结合我国国情和公安机关实情，充分借鉴国内外一流智库的发展经验，立足公安事业发展方向和各级公安机关需求，围绕智库思想产品的生产、质量、输出、消费、效能等关键环节，注重研究成果与公安实践的密切结合和相互转换，使公安机关的决策更加体现科学性、持续性、服务性和实效性。

如前文所述，城市警务智库的组织形式具有多样性特点，但不同类型的城市警务智库也具有共通性。本部分借鉴西方智库建设的普遍经验，并通过研究我国警务智库建设成功做法，对如何构建城市警务智库进行研究和分析。城市警务智库要深入结合当前城市特征与外在环境，做到因地制宜地构建，以更扎实有效的研究成果，服务于城市警务决策。

## 第一节　统一的组织体系架构

统一的组织体系架构，有助于凝心聚力，也有利于在关键问题上起到正确的导向作用。警务智库建设，首先应着手建立统一的领导机构及专门的研究机构或办事机构，并完善规章制度，以进一步优化配置，提升效率，进而提高警务智库的发展水平。当前，一些地方警务智库由于缺乏整体规划和有组织的体系构建，或多或少存在组织规模小、人员分散、研究力量薄弱、资金保障不足和项目对接不准等问题。另外，从大多数警务智库研究机构的研究成果来看，总体来说还存在着研究项目重复、实践调研不足、工作效率偏低、研究质量不高等问题，导致其对内不能给公安工作指挥决策提供充足可靠的指导根据，对外也很难赢得其他智库研究机构及社会大众的认可，不能满足新形势、新时期公安工作对警务智库提出的新要求。上述种种问题，与其缺乏先期的宏观设计规划不无关系。因而，统一的组织体系架构是城市警务智库建设的首要内容。

## 一、统一的领导机构

领导机构是整个组织体系架构中的核心组成部分。长期以来，我国警务模式都是建立在计划经济基础之上的，警务的组织管理基本依赖于“金字塔”式的科层制。传统的警务发展大都依靠上级公安机关的构建，上级的各项指示命令对下级公安机关影响极大。在这种模式下，如果没有上级公安机关的支持与引导，下级公安机关的警务研究活动就很难有效运行。为此，要加强组织领导，做好顶层设计，以统一的领导机构来统筹协调、整体规划警务智库工作，凝聚一切可以凝聚的力量，发挥统筹规划与顶层设计优势，实现警务智库建设健康快速发展。

### （一）完善层次架构

对于城市警务智库建设来说，可建立一个树状的城市警务智库架构，在地市级公安机关建立一个智库总部。智库总部由市局成立智库领导小组或办公室统一管理，统筹规划指导人才招募引进、项目申请、项目评估、考核奖惩等方面。总部可下设人事部、研究部、协调部等业务部门，其中人事部具体负责人才引进及管理等工作，研究部负责具体理论研究工作，协调部具体负责研究成果的实践、推广、宣传等工作。此外，下属分局要对应建立分部，由此再向基层所队、警务室派生发展。下属分部及支部负责智库总部分配的研究子项目，具体对接理论实践工作。每个分部、支部需安排骨干力量或业务能手予以具体负责，并分别对其下辖的研究员进行业务培训、指导及任务安排。

### （二）把握正确导向

警务智库的领导机构（智库总部）应牢固树立看齐意识，把握正确导向，指导各项研究紧贴公安工作实际，坚持以改革创新为动力，以法治建设为手段，以服务公安机关决策为宗旨，密切联系世界警务发展趋势，紧跟时代潮流和社会发展方向。

1. 要以党性原则统领研究工作。公安工作的性质决定了其工作内容有别于其他政府部门，在法治的基础上还兼备政治特性。因而，要坚持党管智库原则，抓好领导机构的党建工作，遵守国家法律法规，始终以维护国家利益和人民利益为根本出发点，以维护社会治安和打击违法犯罪为着力点，立足我国国情及地方实际情况，关注世界警务革命发展趋势，充分体现中国特色公安工作的发展方向。

2. 要以实践性原则指导研究工作。领导机构要牢固树立以实践检验一切的价值取向，紧紧围绕公安机关决策急需的重大课题，以法治建设为核心，深入推进平安中国建设。要在结合地方警务工作实际内容的基础上，超前谋划，因地制宜地开展前瞻性、针对性、储备性政策研究，提出专业化、建设性、切实管用的政策建议，着力提高城市公安机关综合研判和战略分析能力。

3. 树立容错纠错理念。警务智库在具体的研究过程中，难免会出现一些问题，但只要加以引导、监督，相信都会向更好的方向发展。所以，对于各种创新举措，要以正确的态度去对待，在加强监督的同时予以引导，对好的创新举措予以大力宣传，并提供制度性保障，使警务智库的研究活动健康发展下去。

## 二、专门的研究机构

专门的研究机构具有研究机构固定的特点，即人才及物力支持相对稳定，制度建设比较齐全，这样才更有利于集中特长人才，研究特定专业。通过合理分工，进一步提升研究效率。例如，美国兰德公司非常重视研究人员与辅助人员的合理配置。在兰德公司的人员构成中，有相当一部分人专门从事图书、资料、计算机应用等专业工作，研究过程中通过专业化的分工，令各部门人才分工协作、密切配合，使得研究人员可以集中全部精力思考本领域内的问题，极大地提高工作效率。通过固定研究机构，专业配置人才，有利于对研究成果及时提升转化，并可对其中发现的问题及时予以改进。在城市警务智库建设过程中，可以通过在智库总部设立智库研究（部）中心，主要负责统筹协调研究工作，加强资源整合，指导下属分部及支部开展本领域研究工作，组织业务培训和学术讨论，进一步营造团队文化，烘托深厚的研究氛围。

### （一）加强资源整合

公安工作需要面对多种多样的复杂的社会问题，警务智库的研究工作涉及的专业知识往往纷繁庞杂，这就需要多警种、多学科的多背景、多方位专业性人才参与。其研究对象的复杂性决定了“单枪匹马”“单兵作战”“作坊式”等传统科学研究模式并不能满足现代警务智库建设的需求。城市警务智库拥有得天独厚的人、财、物等天然条件，为此，可以从全方位、多角度整合人力资源、数据资源、平台资源和技术资源入手，充分构建覆盖城市警务体制改革、城市警务机制创新、新型警务装备研发、警务大数据应用等方面的科学研究体系，促进警务智库研究产业的跨越式发展，为提高公安机关维护社会治安及打击违法犯罪能力提供重要支撑。

（二）汇聚智力资源

公安机关自身的内部警力、各类警校及辖区群众都是庞大的基础资源，只有提炼好这些资源，才能对城市警务智库建设起到事半功倍的作用。首先，要提炼内部人才。内部人才主要是指警务实践型人才。可以将内部人才依照个人专业、警种及特长等分成管理类、宣传类、警体类、法律类、科技类、侦查类、情报类等类别，分别以技能水平分等级登记造册，并定期开展相应的教育培训，按各自贡献情况逐级晋升。其次，要充分借力，广泛吸收外部人才。主要包括专家学者、知名人士等。可通过聘任等多种形式，聘请知名专家学者担任特聘专家，也可与中国警察协会、省警察协会及各类研究院、高校、其他智库机构等共同搭建重点研究基地或研究平台，有计划地开展警务研究合作。另外，可通过社区走访等各种警民互动渠道在广大基层寻找有识之士，并予以科学引导和培训教育，聘请其中各种特长人才为警务智库增添力量。当然，对一些非警务类的法律类、学术类问题，也可探索建立政府主导、社会力量参与的购买服务制度，以满足城市警务智库分析决策需求。

（三）拓展平台支撑

当今社会已进入大数字时代，警务工作应紧跟社会发展脚步，加快推进城市警务智库工作的数字化、信息化。城市公安机关应积极建设大数据中心和云计算平台，建立大型信息数据库及数据过滤系统，提升数据运算处理能力，建立有效的决策支持系统，为城市警务智库发挥效能提供平台支撑和数据服务。同时，要利用好一线警务实践平台，及时将研究结果与基层实践密切联系，确保研究成果符合一线需求、真正解决问题，也确保基层广泛的大数据为城市警务智库研究提供支撑。警务智库的研究成果可用试运行的方式，先在某一所队或分县局小范围的试验运行，通过这一实践检验平台，城市警务智库可及时修正相关数据，使得研究成果取得最佳效能，服务实战。

## 三、专门的办事机构

警务智库职能的正常发挥很大程度上取决于办事机构的正常运行。当前，部分警务智库议事水平低下、办事效率不高等问题普遍存在，究其原因主要是办事机构组织不够健全，人员配备不够充足，缺乏对研究成果的程序性把关、实质性督办等职能。因此，警务智库要注重加强办事机构建设，从制度建设及研究项目执行入手，对警务智库的研究成果进行程序性把关与监督执行，增强自身警务智库的品牌塑造和研究成果宣传推广力度，加强与各警务部门及社会公众之间的沟通交流，提升研究成果的落地转化能力，以及城市警务智库自身的影响力及知名度。

### （一）统筹制度建设

“无规矩，不成方圆。”要保障城市警务智库长期良好的有效运转，警务智库管理的方式方法至关重要。办事机构应当积极争取财政支持，主动招募警务研究领域内的知名学者和有公安工作经验的实战专家。同时，城市警务智库要创新人才队伍使用管理方式，可邀请国内外知名研究人员或专家学者以兼职的方式参与项目研究工作。同时要建立顺畅的人才输出交流机制，鼓励警务智库研究人员通过挂职、交流和进修等形式提高其研究水平和警务工作实践经验，对其中贡献突出者要优先予以提拔任用。要建立严格的研究成果管理评价机制，以严格的研究成果评价机制倒逼研究机构健康运转。此外，办事机构应积极推动智库研究工作与公安决策常态化关联。一是建立健全咨询前置服务。城市警务智库要将警务智库咨询前置服务与公安决策相关联，以促进警务智库咨询制度常态化运作，对涉及公安工作和队伍建设的重要决策、改革、经费支出、工作部署、人事安排等事项，统一纳入警务智库咨询事项，做到以上重大决策事项在实施前均必须具备智库意见、必须开展风险评估，对于决策失误的，要严格落实责任倒查制度。二是设立定期考核总结制度。要根据城市警务智库研究项目及成果，及时对地方公安工作和队伍建设情况进行全面客观的阶段性总结，通过定期考核总结，剖析利弊得失，分析问题原因，并结合国内外警务发展趋势，进一步明确目标追求，坚持问题导向，谋划建设与时俱进的警务智库运转链，推动警务智库健康良性发展。

### （二）程序把关审查

城市警务智库有统一的办事机构，就能有一批专门的工作人员处理研究人员无暇顾及的各种非研究类事务。首先是对研究业务的审查把关。公安工作的业务量巨大，涉及种类纷繁复杂，不可能要求所有事务都由警务智库研究通过，这就需要对各种业务要求进行初步前置性审查把关。办事机构的工作人员本身需要对智库研究事项有一定的熟悉度，这样可及时对各种业务请求进行初步筛选，从而节约大量宝贵的人力、物力。其次是对成果的审查。任何一个智库的研究成果或产品都应该设定一项检验程序，否则很容易导致研究成果质量不高，影响警务智库的口碑。因而需要办事机构对研究成果以严格的检验程序进行严格把关论证，对论证不通过的退回研究部进行研究修正，对论证通过的送交需求方予以实践应用，并及时收集反馈情况。

#### （三）加强品牌塑造

智库的生命力在于其影响力。在城市警务智库建设中要始终注重拓展成果发布与交流渠道，具体工作可由警务智库内设办事机构（协调部或对外联络部）负责，旨在增强对警务决策和社会舆论的影响力与话语权。首先，可通过公安微博、微信等自媒体平台向社会公众推送、宣传警务智库研究成果，广泛传播对国内外公共安全领域重大案件和热点事件的认识和看法，引导公众正确理解相关社会安全问题。其次，可根据自身条件及发展水平举办警务学术研讨等活动，加强与各方的交流，旨在营造积极的社会效应。最后，可通过围绕该城市社会公共安全领域全局性、重点性问题以及普遍关注的热点难点问题，实时由城市警务智库组织课题组开展专题研究攻关，形成主题研究报告，并面向全国各城市公安机关、公安院校、部分知名高校及科研院所开展主题征文活动。

#### （四）加强业务指导

办事机构作为城市警务智库行使职能的有效载体，是智库总部与下辖各分部、支部、研究员以及其他业务研究部门之间联系的纽带，城市警务智库总部对研究业务的指导有赖于其办事机构予以贯彻执行。办事机构还起着联系协调、沟通左右的桥梁纽带作用，其可通过与各内设分部、支部等业务部门的沟通，及时了解各项研究成果的实践开展情况及实践中遇到的困难问题，进而有针对性地展开必要的汇总调研，并将疑难问题收集反馈给城市警务智库总部，从而实现城市警务智库对研究成果的及时指导。

## 第二节　城市警务智库的分类

为了准确定位城市警务智库，首先就要明确警务智库分类。从层级上来讲，公安智库不仅应包括部级警务高端智库、省级中坚警务智库，而且也应该包括地市级的基础警务智库。从研究侧重上，公安智库可以分为学术型智库和应用型智库，学术型智库侧重于公安理论研究，应用型智库更加侧重于服务实战。从研究内容上，公安智库可以分为综合性智库和专业性智库。从建设主体上，公安智库可以分为业务智库、院校智库、学会智库、专业研究所智库（专指公安部各研究所）等。按照以上分类标准，城市警务智库应该属于基础警务智库、应用型智库（可以带有学术性特征）、综合性智库、业务智库（直辖市城市警务智库包括院校智库）。当前，城市警务智库被分为综合性智库和专业性智库。其中，综合性智库最为典型的有：姑苏警务智库、常州公安智库、泰州改革发展智库委员会；专业性智库有：科技信息化委员会、交通委员会、反通信网络诈骗中心、公安机关执法管理委员会。

## 一、综合性智库

### 姑苏警务智库

姑苏警务智库是苏州市警察协会下设的苏州城市警务智库研究的专业机构，其聘请知名专家学者担任高级研究员、研究员、助理研究员，并与市局调研骨干组成专家团队。姑苏警务智库是以城市公共安全问题和政策为主要研究对象，以服务公安机关民主依法决策为宗旨的非营利性研究咨询机构。主要工作任务是制定开展警务研究的工作规划，负责开展警务理论和警务实战研究项目的组织、研究和管理；组织开展警务研究主题征文活动，举办警务发展论坛和专题研讨活动，开展国际国内警务学术交流；做好警务研究成果转化和推广，组织优秀成果评奖；出版《姑苏警务智库通讯》等研究资料；培养警务研究型专门人才，为公安机关及其辅助力量提供相关岗位资格和业务知识更新培训。姑苏警务智库在苏州市警察协会和公安部公安发展战略研究所城市警务研究中心的主导下开展研究工作，具体实行秘书长负责制，设秘书长 1 名，副秘书长 3 名。秘书长由现任的市局办公室主任担任，分管学术研究部的副秘书长由办公室分管调研的副主任兼任。在姑苏警务智库内部，设立“一办两部”，即“综合办”，主要负责与常务理事单位的联络及研究中心日常事务；“学术研究部”，主要负责广泛开展调查研究和学术交流活动，推出研究成果，并促进应用转化，为全国公安城市警务改革提供可参考、可借鉴的决策依据；“专家联络部”，主要负责与外聘专家学者团队的服务、联系，并组织开展一年两次的联谊或其他多种形式的活动，为城市警务改革创新建言献策。

### 常州公安智库

常州公安智库设立了全市公安机关智库建设领导小组，由市局主要领导任组长，其他市局党委成员任副组长，市局办公室、政治部、警务保障处等部门主要负责人为成员，主要负责智库全面建设及组织领导等工作，协调推动智库履行职责、发挥作用。领导小组办公室设在市局办公室，具体负责智库日常管理工作，围绕市局党委中心工作提出年度智库工作计划和课题计划；及时向智库研究员传达市局党委提出的咨询任务和要求；组织智库研究员参加必要的调查研究活动；筹备领导小组有关会议，协调各相关部门参与智库咨询等活动。领导小组办公室主任由市局一名副局长兼任，执行副主任由市局办公室主任兼任。

常州公安智库的研究员一般由科研院所、高等院校（公安院校）专家学者，上级机关、兄弟单位领导同志及业务骨干，社会性研究机构、组织专业骨干等人员组成，经报名推荐、资格审查、正式选聘等程序产生。智库研究员实行聘任制，由常州市公安局颁发聘书，一届聘期为 2 年。领导小组办公室还负责对智库研究员按专业进行分类，安排咨询活动，跟踪掌握活动情况，并根据聘期及实际情况适时调整智库研究人员工作任务。智库研究员的主要职责：一是对宏观问题的决策咨询研究，即根据宏观形势最新变化，分析研讨常州公安发展长期规划和发展战略，提出全局性、战略性、长期性、系统性和综合性的公安工作和队伍建设发展政策建议。二是提供热点、难点问题的解决方案建议，即针对常州公安“五个现代”警务战略发展过程中遇到的热点、难点问题，在调查研究的基础上，提出具体、可操作的解决方案，供市局党委或有关部门决策参考。三是对趋势性问题进行研判预警，即对常州经济社会发展中可能出现的趋势性、苗头性问题提前预判、主动研究，向党委政府或有关部门提出预警分析报告，提高对各类风险预测、预警、预防能力。四是收集公众意见并进行舆论引导，即汇集整理社会公众意见建议，强化市局党委、单位部门与社会各阶层的意见沟通，适时引导公共舆论，提升决策透明度和民主化水平。五是进行政策执行绩效评估，即评估各级各部门贯彻执行市局中心重点工作的工作效率，检验相关政策措施的实际执行效果，提出有针对性的决策完善建议。

**泰州改革发展智库委员会**

泰州市专门成立了泰州改革发展智库委员会，并设立秘书组、创新调研组、基层基础组。该委员会在市局党委领导下工作，由市局主要领导兼任主任，市局两名副职领导兼任副主任。该委员会参照市局中层机构进行实体化运行，日常工作实行秘书长负责制，设秘书长 1 名，副秘书长若干名，秘书长和副秘书长由智库委员会全体人员选举产生。委员会下设的运行机构由智库委员会根据实际需要确定。目前，智库委员会共有工作人员 11 人，其中民警10人、辅警1人。民警10人中1人为秘书长、3人为副秘书长，3位副秘书长分别兼任3个内设机构（创新调研组、秘书组、基层基础组）组长，另外还有5名经验丰富的退居二线的老同志分别在3个组参加工作，1名年轻民警担任内勤。

改革发展智库委员会的工作职责为：围绕市局党委的中心工作，提出智库委员会工作计划和调研课题。积极组织开展调查研究，结合新形势、新任务、新要求，提出针对性、可操作性强的政策建议。对影响和制约泰州公安发展的重点、难点问题开展专项调研，形成切实可行的解决方案。对专题研究成果进行评估，推动研究成果的转化，跟踪研究成果的实施，并将成果运行情况及时反馈给市局党委。完成市局党委交办的工作任务。

秘书组工作职责为：围绕市局党委提出的中心工作提出智库委员会工作计划和调研课题。负责智库委员会管理与日常运转。及时向智库委员会成员传达市局党委提出的任务和要求。组织智库委员会成员开展调研活动。组织对智库委员会专题研究成果进行评估，并将成果运行情况及时反馈给市局党委。

创新调研组工作职责为：围绕新精神、新形势、新热点，开展调查研究，提出针对性、可操作性强的政策建议。参与相关部门重点工作、中长期发展规划的研究制定，提出具有前瞻性、导向性的咨询建议，并跟踪论证。积极参与全局立体化、信息化社会治安防控体系创新升级，推动加快建立与经济社会发展大局和公安工作形势要求相适应的新型警务运行体制机制。完成市局党委交办的工作任务。

基层基础组工作职责为：围绕实现基层基础工作与“大数据”同步并轨、无缝对接、相互支撑开展研究，提供决策性建议。对基层基础工作领域内重点和难点问题开展调查研究，提供解决重点问题和难点问题的对策、措施。针对全市公安机关在反恐维稳及公共安全领域存在的问题，通过开展调研，立项后逐一提出解决问题的最佳方法或措施。完成市局党委交办的工作任务。

## 二、专业性智库

### 科技信息化委员会

为策应公安警务现代化建设，统筹抓好全市公安机关科技信息化工作的顶层规划、组织保障、建设推进和评估考核，进一步提升全市公安科技信息化建设应用水平，江苏各城市成立了科技信息化委员会（以下简称科信委）。科信委是市局领导下的科技信息化工作统筹管理、议事协调机构，负责全市公安科技信息化工作的统筹规划、组织领导、评估指导、成果推广以及重大建设推进、重点项目管理、重要问题协调等工作，发挥辅助决策的智囊参谋作用和推动落实的检查督办作用。科信委主要承担以下职责：一是统筹组织全市公安机关科技信息化工作，研究确定顶层规划、总体设计、配套政策等宏观意见措施，并加强分类指导和部署检查；二是研究制定全市公安科技信息化工作的长期发展战略、年度工作要点等规划性文件，统筹研究、审核确定市局机关科技信息化年度建设项目及经费安排；三是对全市公安科技信息化重大项目，就业务需求、建设内容、技术架构、实施策略、经费预算等进行审核论证，针对科技信息化建设应用中遇到的各种问题牵头组织会商并提出意见；四是统筹协调全市公安警务现代化建设过程中有关科技信息化配套工作机制的制定、调整等工作；五是组织开展信息化应用成效评估，及时发现建设应用中存在的问题，避免违规建设、重复建设、建用脱节，促使建设效益最大化；六是加强科技信息化建设项目的审计监督，规范项目预算、招投标和经费使用管理流程。

科信委的运行模式、人员组成及办事机构如下：

运行模式。科信委采用实体化和定期会商运行模式，对全局性重大项目，定期召开专题会议进行研究会商，对需要及时研究解决的重大问题，按需召开专门会议。

人员组成。市局科信委一般由市局主要领导任主任，市局 1 名分管科信的领导任副主任，市局机关各部门主要负责同志任委员，共同组成市局科技信息化工作的议事和决策机构。

办事机构。市局科信委下设办公室（简称科信办），科信办主任由科信委副主任兼任，科信办副主任由科技信息化处处长兼任。科信办下设规划组、保障组、督导组、专家组和考评组，分别设有组长和若干组员。规划组，负责落实总体规划设计、政策意见研究，组织研究并提出中长期发展战略、年度工作要点等规划性文件；对重点项目进行可行性研究、需求统筹；对建设工作中遇到的重点、难点问题进行先期会商，提出初步解决意见；组织专家对技术架构、数据标准、安全管理、运维管理等方面进行审核把关。保障组，负责市局机关科技信息化年度建设项目的人力资源及经费安排，为科信工作提供基础保障，协调解决建设过程中的经费、人才等问题。督导组，负责科技信息化项目的跟踪管理、指导推进和检查督办，确保按质按期完成建设任务；负责监督管理项目建设过程中的规定执行、经费使用、招投标、审计等情况；监督信息安全管理工作。专家组，在科信办的组织下，参与发展规划、标准规范和重点项目的论证；负责对下指导，提供意见；按照市局科技信息化项目管理规定和科技强警奖励办法参与各类项目评审和验收工作。考评组，负责评估、考核和奖惩，建立信息化应用成效评估机制、激励机制，调动民警的信息化应用积极性。

为确保市局科信委各项工作顺利开展，更好地加强和规范全市公安科技信息化工作，科信委还建立了以下工作机制：一是定期议事会商机制。定期召集有关业务部门听取汇报，对科技信息化建设应用工作中遇到的重点、难点问题进行会商，提出解决意见，对特别重大的问题形成初步意见后报市局党委研究决定；定期召开全体成员会议，讨论决定相关重点工作；结合信息化大讲堂等定期组织开展信息化学习培训和宣传推广。二是需求统筹协调机制。按照市局信息化建设规划，贯彻市局信息化顶层设计，统筹各警种部门共性应用需求，兼顾各警种部门个性应用需求，组织开展全局性、基础性科技信息化项目的规划设计和建设实施工作，有效避免重复建设、重复投资。三是技术审核把关机制。市局各部门所有涉及科技信息化的建设项目，统一由科信委进行论证评估和审核管理。对全市统一部署应用或投资数额较大的建设项目，由科信委组织内外专家论证评估，提出初步意见后报市局党委决策。经审批同意的建设项目，由科信委做好跟踪指导、检查督办和协调服务等工作，督促建设单位落实工作责任，按质按期完成建设任务。四是应用成效评估机制。建立科技信息化项目应用成效评估机制，由科信委跟踪分析项目建成后的应用成效，及时评估项目规划、技术路径、业务模型等的科学性、准确性、可推广性，及时发现存在的问题，提出整改意见，不断总结和优化，有效推动科技信息化建设应用工作的科学持续发展。五是资源整合共享机制。紧紧围绕“大数据”应用需要，打破警种部门界限，全面整合公安业务信息、政府部门信息和其他社会信息资源，实现不同层级、不同警种、不同类型信息资源的高度关联和共享应用，最大限度发挥“大数据”的实战应用效益。六是分类指导推进机制。根据各区县公安机关工作基础、应用需求、经费保障等实际情况，按照“统筹一体、错位互补”的原则，加强分类指导、整体推进，切实提高全市公安一体化建设水平。七是项目审计监督机制。对科技信息化建设项目实施全程跟踪，围绕项目立项、招投标、建设推进、验收、决算等关键节点，切实加强审计监督，确保经费预算合理、功能建设到位，促进规范化管理和党风廉政建设。

**交通委员会**

交通出行是最为基础的民生需求之一，当前困扰各大、中城市的交通拥堵问题已成为广大市民群众高度关切的热点问题。为了切实解决城市道路交通拥堵难题，许多城市都成立了道路交通委员会，其既是全市道路交通规划建设和管理的组织、协调机构，又是从战略性破解城市道路问题的专业智库，如苏州市的交通委员会。苏州作为一个经济飞速发展、城市快速扩张的经济强市，城市交通拥堵矛盾凸出，已成为制约经济社会发展、影响市民生活质量和幸福感的重要因素。为进一步加强城市交通管理，为城市交通发展提供更权威、更科学、更顺畅的管理决策平台，2011 年 1 月 10 日，苏州市政府召集各区、各有关部门召开加强城市交通管理工作专题会，成立了由市长任主任，分管规划建设和分管城管的两名副市长任副主任，市区各区政府和市委宣传部、市规划、住房城乡建设、交通运输、公安、市容市政、发展改革、经信委、商务、财政、税务、国土、物价、教育、工商、园林、质监、安监、监察、文明办、法制办等部门为成员单位的交通委员会，对防治城市交通拥堵这一“城市病”进行专门研究，成为研究交通问题的专业性智库。交通委员会，通过对苏州城市交通现状进行深刻认识和对交通拥堵症结进行深入调研，结合市政府组团赴日本、韩国的 6 个城市学习考察高水平交通管理经验所获得的启示，提出了以“构建便捷、通畅、安全、高效的交通体系”为总目标，参考城市建设管理相关工作“十二五”规划建议，按照“建强领导机构、完善规划体系、强化政策导控、提升公交质态、做优基础设施、做精组织管理、倡行文明共管、加大资金投入”的战略思路，多管齐下、标本兼治，全力打造“文明畅通”新天堂。主要提出了公交保障工程、快速路缓堵工程、中心优化工程、停车改善工程和社会共管工程“五大工程”，并被市委、市政府决策采纳，取得了较好效果。

**反通信网络诈骗中心**

随着电信网络技术的迅猛发展，犯罪分子利用各类通信工具、互联网平台，借助公共通信网络向手机、固定电话等用户终端发布虚假信息非法侵占他人财产，各地电信网络诈骗犯罪均呈逐年递增趋势。为更好地防范和打击电信网络诈骗犯罪，最大限度地减少发案和老百姓的财产损失，很多城市都专门成立了属于专业智库的反通信网络诈骗中心。这一中心在市政府反电信网络诈骗工作领导小组的领导下，会同市委宣传部、网信办，市政府法制办、金融办、经信委，市财政局、公安局、通信管理局，市中级人民检察院、中级人民法院，苏州银监分局，人民银行城市分行等单位，各单位由分管领导和联络员组成专门的反电信网络诈骗对策研究团队，由市公安局主要领导和分管领导牵头研究反电信网络的对策、措施，并实行实体化运作，共同防范和打击电信网络犯罪。

作为城市专业智库性的反诈骗中心，除了组织协调各有关成员单位开展实体防范、打击电信网络诈骗活动外，更多的是研究建立和完善反电信网络诈骗工作机制。主要推动八个方面的机制建设：一是诈骗警情统一受理机制。反诈骗中心统一受理全市电信网络诈骗警情、举报，直接为群众提供咨询、劝阻、指导报案等服务，同步收集涉案电话、银行账号、网站等信息，第一时间将相关信息流转至相关通信运营商和商业银行。二是涉案电话及时封堵机制。通信运营商在收到公安机关流转的电信网络诈骗涉案电话号码后，经快速查证属实，第一时间采取关停、封堵和送空号音等处置措施；针对冒用党政办公电话等“白名单”号码、使用改号软件伪装过的异常号码等，采取同步发送“彩印”、跟进提醒电话等方式进行提醒，提升人民群众的防骗能力。三是涉案账号及时冻结机制。商业银行在收到公安机关流转的电信网络诈骗涉案银行账号后，经快速查证属实，采取冻结、止付、干扰等手段对包含一级涉案账户在内的所有关联涉案账户实施账户冻结或资金止付，尽可能为受害人挽回损失。四是综合研判数据挖掘机制。实时收集汇总电信网络诈骗警情的各类信息，及时开展随警研判、串并分析，为后续打击和防控堵截提供依据，对全市电信网络诈骗警情动态变化、新问题、新手段等进行分析研究，查找防控漏洞，提出打防管控对策；通信运营商、商业银行根据警情查找本单位在业务流程、产品设计方面存在的漏洞，及时整改，并根据警情特点、作案手段对本单位数据开展挖掘，及时发现可疑电话号码、银行账号，及时跟进采取关停封堵、冻结止付等措施。五是合成作战依法打击机制。依托合成作战机制，负责全市电信网络诈骗、伪基站的打击工作，对案值大、影响大、受害面广的案件，实施挂牌督办，加强与案件高发区和犯罪输出地的交流协作，与境外警方建立警务合作机制，提升抓捕破案效能；市中级人民法院、市人民检察院积极介入、全程指导电信网络诈骗案件侦办工作，提供法律支撑，提升打击处理能力，震慑该类罪犯。六是被骗资金依法返还机制。由市中级人民法院牵头，市公安局及各商业银行参与研究、制定被骗资金“返还”方案，依法通过民事诉讼程序将涉案银行账号内冻结的涉案资金返还受骗群众，提升群众安全感与满意度。七是防范宣传预警提醒机制。由市委宣传部牵头，市公安局协助，市卫计、教育、民政、人社、税务等多部门参与，与报刊、杂志、广播、电视、网络等部门建立快速对接渠道，全方位开展反诈骗宣传防范工作，并根据电信网络诈骗手段的变化，通过网络、媒体、实地宣传等渠道实时发布预警提醒和防范要点，开展针对性宣防工作，提高广大群众的防骗能力。八是落实监管问责奖励机制。市委网信办、市经信委、通信管理局，市政府金融办、地方银监分局，人民银行地方中心支行积极协调、指导通信运营商、商业银行进入市反诈骗中心开展工作，对诈骗警情中反映出的运营商、银行的违规行为或漏洞进行倒查，督促相关单位及时改进；市财政局落实经费保障机制，对反诈骗工作突出、及时挽回群众损失的单位和个人及时进行奖励；市委宣传部对反诈骗工作中因推诿、失职而给人民造成重大损失或影响的单位予以曝光、问责；市公安局积极争取将成员单位反诈骗工作成效纳入市年度目标绩效考核。

（四）公安机关执法管理委员会

为贯彻落实中央、省市政府关于深入推进依法行政、加快建设法治政府和公安部、省厅全面建设法治公安的要求，进一步加强和改进全市公安行政复议应诉工作，提升公安行政执法水平，增强公安机关执法公信力，充分发挥行政复议在解决行政争议、化解社会矛盾中的主渠道作用，苏州等市成立了公安机关执法管理委员会，这也成为城市警务一个重要的专业智库。

执法管理委员会是城市公安机关的执法管理议事决策机构，实行常态化、实体化运作。一般设主任 1 名，由本级公安机关主要负责人兼任；副主任若干名，由有关分管领导兼任；委员由有关警种部门主要负责人兼任。其下在法制部门设办公室，负责执法管理委员会日常工作。办公室主任由法制部门主要负责人兼任。执法管理委员会的主要职责为：贯彻落实公安部、省公安厅关于执法规范化建设工作的安排部署，统筹、协调、督促、推进执法规范化建设工作；议定执法管理委员会内部规章、制度；领导执法管理委员会办公室工作，听取委员会办公室工作汇报，研究审议委员会办公室提交的议题，指导、监督、研判下级公安机关执法管理委员会工作；研究审议重要执法制度和重大执法决策，落实评估制度、决策实施效果；研判全局执法工作现状，立项整改执法突出问题；强化执法监督，适时开展执法突出问题专项评查，督促整改执法突出问题，落实执法责任；研究审议重大、疑难、复杂、社会广泛关注等案（事）件的法律适用情况和处置意见；承办上级交办和认为需要开展的其他工作。

执法管理委员会办公室履行以下工作职责：督办、检查、反馈执法管理委员会作出的工作部署和事项决议的贯彻执行情况；全面掌握、通报成员单位深入推进执法规范化建设重点项目任务工作进度及成效；了解、掌握、分析公安机关执法情况，研究、解决执法工作存在的问题，及时向执法管理委员会提出工作建议；审查拟提交执法管理委员会研究审议的事项和案（事）件材料，会同有关成员单位提出初步意见和建议；筹备执法管理委员会各项会议，拟定会议日程、议题，准备会议材料，并做好会议记录整理、案（事）件立卷归档工作；完成执法管理委员会交办的其他工作。

执法管理委员会会议按照各级公安机关执法权限、执法事项、工作任务及需要，分为全体会议、专题会议。市级公安机关执法管理委员会全体会议每半年召开一次，县级公安机关执法管理委员会全体会议一般每季度召开一次。必要时可以由执法管理委员会主任决定临时召开专题会议。执法管理委员会全体会议侧重于全局性、阶段性执法管理工作部署、推进和总结，主要研究以下内容：研究法治公安建设思路，部署执法管理工作任务；听取成员单位执法规范化建设重点项目任务进展情况；听取成员单位执法工作情况汇报，研判公安机关整体执法质态；通报突出执法问题，部署问题整改措施；了解领导干部、民警学法、考核情况；研判下级公安机关执法管理委员会工作情况；其他需要研究的重大事项。执法管理委员会专题会议，由市、县公安机关根据工作需要不定期组织召开。执法管理委员会专题会议由主任或受委托的副主任召集，参加人员为相关成员单位委员，有关民警可以列席会议。执法管理委员会专题会议重点审议表决执法管理中的专项工作或专门议题，包括以下主要内容：审议表决重大执法决策和重要执法制度；评估公安机关案件审核、案件管理、执法公开、行政复议诉讼、法律培训等执法制度的实施效果；审议解决执法规范化建设中突出的执法问题；研究和决定对重大、疑难案（事）件的处理意见；其他需要审议表决的事项。

## 第三节　健全的运行管理机制

当前，城市警务智库研究普遍存在“散、轻、浅”的情况。制约城市警务智库发展的主要原因有两个方面：一方面是力量比较弱小，与决策研究的需求不相称。主要表现在专业研究人员少，调研课题多、研究任务重，研究投入及经费保障不足，专业化政策研究、解读、评估实力还有待提高。另一方面是参与决策的渠道和环境还需改善。参与决策缺乏机制保障，定位存在偏差，有些城市警务智库承担了大量办公室文稿起草、领导讲话、规划编制任务，影响了政策研究、解读、评估的开展。有些城市警务智库的关系尚未理顺，各个城市警务智库之间、城市警务智库的不同层级之间尚有不顺畅、不协调的地方，影响了作用发挥。

要解决制约警务智库发展的难点和瓶颈问题，从长远来看，还是要通过健全警务智库组织机构，明确工作职责，规范运作管理来实现。这就需要从课题牵引机制、研究管理机制、成果管理机制、交流合作机制、考评奖励机制、经费保障机制等方面入手，并积极探索引入竞争考评奖励机制。通过制度化的规定，使警务智库发展有章可循，提高警务智库的竞争力，促进警务智库建设整体水平的提升。

## 一、课题牵引机制

城市警务智库的部分职能，是对城市警务战略发展中一些重大疑难问题进行研究、探索，明确问题导向，加强课题牵引。为此，城市警务智库要以课题的组织、部署、协调、管理、检查和服务为核心，进一步规范选题、开题、组织实施、进度管理、结题评审、成果运用等制度，特别是要与学术活动、基层调研、课题考核等环节结合起来，不断加大工作力度，强化课题的质量保证，创新工作思路，提高研究质量和水平。

### （一）课题申报制度

每年进行一次课题申报，并按规范要求填报课题研究的方案。其主要任务为明确需求，组建课题组，制订研究计划。

### （二）课题开题制度

对于每一个城市警务智库研究课题，都应当组织课题开题的会商。其主要任务是理解课题需求，了解相关知识环境，明确此课题研究的目的及进行研究项目规划。

### （三）课题进展报告制度

原则上，城市警务智库每个季度都应组织课题进展报告会，简要报告课题进展情况。此阶段的主要任务是报告资料收集情况，制定课题研究提纲，并提出调研计划或报告该阶段的调研成果。

### （四）课题评审制度

1. 设立立项评审。立项评审的核心是务实管用，切实服务实战，要判断项目的现实意义，同时也可找一些特约研究员及学术专家，在研究课题方向上把脉。

2. 建立中期评审。通过中期评审，适时监督项目的进展程度。

3. 重视结题评审。当前智库研究普遍的结题评审都是国内、国际一流专家，但仍有些评审组自身对国际、国内该课题方面的研究成果和文献没有了解，因此，结题评审还应更加专业、更加客观。同时，结题评审成果的应用，还应更关注政策意见以及智库研究成果被党委政府采纳的程度。

## 二、研究管理机制

城市警务智库建设，应当健全课题研究管理机制，尤其应注重课题研究的实效，不做“书斋式”或纯理论式的研究。要加强科学高效的选题管理，正视当前公安工作短板，引入公安工作重大决策咨询制度，重视智库咨询的针对性、实用性、有效性以及高效性，切实做好应对各种风险的准备。科学合理地制定课题研究方式，加强对具体的、与经济社会生活密切相关的实际问题，以及当前警务工作中的难点、复杂以及棘手问题的调查、分析、研究和判断，以高质量、专业化的研究成果服务党委政府决策，实现社会大局稳定、社会治安安定、打处能力增强、社会管理创新、执法服务质量提升等目标。

### （一）建立科学高效的选题管理

城市警务智库建设应当着眼于城市警务，建立科学高效的选题管理，力争做出选题好、质量高、效果好、能解决制约当前警务工作难点问题的思想产品。在当前的实际操作中，城市警务智库的课题研究应主要围绕警务现代化建设主题，以警务改革为契机，贯彻问题导向，每年确定一批重点课题，组织开展相应的研究，为各级公安机关提供决策参考，并逐步扩大研究的影响力，以吸引更多人关注甚至一起参与对城市警务的战略发展和改革创新的研究。

一是要根据适度超前、问题导向与趋势导向相结合的原则，规划警务智库重大课题选题。研究课题的起点要高，视野要宽阔，意识要超前。要及时对当前社会治安形势变化和未来发展趋势做出深入的研究和判断。要加强前瞻性和预判性的研究，就必须要具备战略眼光，既立足当前又面向未来，既要超前考量问题，又能预见潮流所在和大势所趋。要对深层次、带有倾向性的问题深入挖掘，要能够及时反映实际情况，对当前困扰公安工作的难点问题进行突破。

二是要密切关注党委政府关注的问题和人民群众迫切需要解决的问题。对于这些问题，要及时调查，广泛收集信息，对于一些可预见的或已经出现的苗头、倾向性问题，应予以重点关注，快速反应，做到提前收集信息并进行分析，通过分析信息，要能够准确判断出下一步发展态势，提出解决思路，把问题解决在萌芽状态。

三是要突出创新性研究，不断适应形势发展的新要求。创新是对旧事物或已有事物的变革完善，创造性地进行思维、行为、方式、方法等一系列的革新。同时，创新也是对警务工作的流程再造。不断探索新方法，寻求新途径，使警务研究工作充满生机和活力。在城市警务智库的课题选择中，要善于站在时代前沿和决策主体的角度，深入研究、缜密思考、大胆探索、不断适应形势发展变化给警务工作提出的新要求。还要跳出传统的警务研究思维定式，牢固树立智库意识，敢于并善于向领导提出战略性、综合性和创造性的意见、建议。

（二）引入课题咨询制度

一方面，对涉及公共安全和人民群众切身利益的决策事项，城市警务智库可以通过举行听证会、座谈会、论证会等多种形式，广泛听取智库专家和社会各界代表的意见和建议，增强决策透明度和公众参与度。建立决策部门对咨询意见的回应和反馈机制，促进公安机关决策与智库建议间的良性互动。另一方面，设立党委和政府决策咨询建议奖项，鼓励城市警务智库更好地为党委和政府制定公共政策及决策服务，通过定期召开重大问题座谈会，加强主要领导与相关领域国内外专家的思想交流和碰撞，将决策思维与课题研究相结合，确保课题研究始终站在理论与实践的前沿。

（三）注重课题研究方式

一是大胆借用现代化的生产方式。在研究方法上，确立综合与比较相结合、定性与定量相结合、模糊方法、数学模型等一系列先进方法，借鉴和吸收现代各学科行之有效的研究方法，倡导综合研究方法、交叉研究方法、跨学科研究方法。当前尤其要注重各学科的相互交叉、渗透和综合，积极促进多学科、多专业协同研究，在彼此间相互综合、借鉴、融合、碰撞中寻求突破，从而形成新的思想、方法和理论。二是大胆借鉴企业化的运作模式。善于学习现代企业的成本管理、质量管理、项目流程管理、绩效管理及精品管理等先进理念。坚持研究课题工作项目化、项目实施工程化。三是大胆建立个性化的信息服务。推动城市警务工作不断发展的动力之一是信息需求。大数据改变了传统的信息获取方式，因此在调研中，研究员要熟练掌握互联网中的文献检索方法，善于捕捉稍纵即逝的动态信息，建设性地开展好理论研究工作。在城市警务智库建设中，也要积极为研究人员提供检索帮助服务、信息定制服务，为课题研究提供信息保障。

## 三、成果管理机制

从国际、国内著名智库建设的经验来看，其都有健全的成果管理机制，有向决策者传送政策建议的专门渠道。城市警务智库直接服务于地方党委、政府，为城市公安机关决策提供依据。其思想理念、政策建议、问题解决方案等如何快速准确地传送到决策者手中，如何建设畅通的传达渠道？深化成果评价和应用转化机制改革，是警务智库真正发挥作用的关键环节。

### （一）城市警务智库的成果评价机制

成果评价机制是城市警务智库对研究成果管理的重要内容。科学的评价体系应处理好政治导向与学术自由的关系、质量和数量的关系、实效性和恒久性的关系、超前性和现实性的关系、主观性和客观性的关系。

当前，对智库影响力的评价，主要有以下几种方法：①

1. 局部性测度方法：主要聚焦在智库参与决策过程的某个阶段、发挥影响力的某些手段和渠道或者决定其影响力大小的某些因素，利用其局部的表现和影响估测整体智库影响力。常用的方法包括“看决策者直接应用的数量”“看媒体引用数量”“看网络传播范围”等。

2. 整体性测定方法：将智库各个方面的影响力作为一个整体来评价，主要包括“整体印象评价法”和“加权平均法”。“整体印象评价法”是通过人们对智库的整体直观印象为其排名，这种方法所评价的是感觉影响力，而不是实际影响力。“加权平均法”是将智库的影响力从不同的角度进行分解，形成多个测度指标并将其综合起来评价智库影响力的方法。

3. 林芯竹：多源流模型测评智库影响力②。

林芯竹认为，政策变迁是由问题源、政策源和政治源这三个“源”决定的。在某个关键的时间上，当上述三个“源”汇到一起的时候，问题就会被提上议事日程。这种汇合就是“耦合”，而这样的时间点则被称为“政策之窗”。多源流理论将政策源比喻为“漂浮”着多种意见的“政策原汤”，这些“政策原汤”是由官僚、国会委员会成员、学者、研究人员和咨询人员等提出的。根据此观点，学者可能没能力影响政策制定者最后的决策，但他们可以将自己的力量更有效地集中于影响政策循环中的议程设定阶段。他们会让国会和政府认识到某项政策问题需要得到解决的迫切性，并使他们开始考虑这方面的问题。

4. 朱旭峰：基于社会结构观测智库影响力③。

智库影响力与社会结构存在着强对应关系。智库影响政策是直接或间接地将影响力作用于政策参与者。智库内研究人员本身处于社会精英阶层，面对社会结构中处于不同地位的决策参与者，智库将采用不同的策略。朱旭峰据此将智库影响力分为决策核心层影响力、社会中心层影响力和大众边缘层

---

① 王继承：《麦甘“全球智库报告”排名机制及其影响》，载《国务院发展研究中心调查研究报告》2012 年 7 月 19 日。

② 李安方等：《中国智库竞争力建设方略》，上海社会科学院出版社 2010 年版。

③ 李安方等：《中国智库竞争力建设方略》，上海社会科学院出版社 2010 年版。

影响力。

5. 徐晓虎、陈圻：百度指数测定智库影响力①。

“百度指数”就是利用互联网新技术，选取智库名称、智库思想观点和政策建议，在百度上查看搜索结果数。根据各个智库在百度上的搜索结果数目，来判断该智库对政府官员及公众的影响力。

综上所述，我国智库现行的成果评价方式主要采取以同行专家评议为代表的定性分析和以成果量化评价为代表的定量分析。这两种评价方法各有其优势与不足。城市警务智库应当通过对智库的成果评价进行制度创新，发挥不同评价机制之间的优势，坚持定性评价与定量评价相结合，建立领导评价、专家评价、同行评价、社会公众评价相结合的全面、客观、公正的科学评价体系。在成果的认定上，打破过去的纯学术标准，将决策咨询类成果全面纳入科研成果考核范围；在成果评价上，打破过去偏重纯学术论文的做法，开始将激励重心转向决策咨询类成果；在成果考核的方式上，改变过去简单的数量考核方法，逐步引入量化打分的考核方式，实施精准的、复合式的数量考核。

### （二）城市警务智库研究成果转化机制

智库的研究成果形式多样，包括研究报告、论文、著作、对策建议、规划计划、咨询意见、参与起草党委文件和领导讲话稿等成果形式。以上的形式，最终目的都是及时有效地把研究成果上报，供决策者参考。但成果转化难是警务智库建设中面临的突出问题。主要体现在：一方面是成果转化率低，很多有很大应用价值和社会效益的研究成果仍然停留在理论层面上，造成了成果与现实的脱节；另一方面是理论研究成果转化速度慢，很多理论研究成果不能在第一时间应用于实践，而一旦长时间得不到应用，就会失去创新性和实效性，大量有价值的研究成果就会变成无价值的知识沉淀，造成巨大浪费。所以要多措并举完善成果转化机制，把研究中取得的创新成果应用于实践，促进创新成果的转化。

一是建立健全与党委的联络沟通机制，完善成果报送反馈制度，通过多种渠道、多种形式，把最新的调研报告、对策建议及时呈送到领导手中，为领导决策提供理论咨询服务。

二是建立多渠道的成果发布机制。加强成果宣传是实现成果转化的重要环节，根据研究成果的性质，加强社会决策参考、学术报告、科普活动乃至媒体

① 徐晓虎、陈圻：《中国智库的基本问题研究》，载《学术论坛》，2012 年第 11 期。

宣传等不同形式的对外传播，拓宽成果转化渠道，通过互联网、社科电视频道、报刊媒体等多种形式，确保研究成果能够第一时间运用于社会实践。

在姑苏警务智库的运作模式中，依托《姑苏警务智库通讯》开设专栏，定期反映进展情况，展示课题研究形成的一些新思想、新观点等。一方面提供给各城市公安机关参阅，另一方面也收集各方对于当前研究课题的建议与意见，并对下一步写作积累素材或提供方向。对于重要成果，或以部“战略所”“改革所”名义，或直接以智库名义上报部和省厅，并提供决策咨询。同时对于有价值的重大课题成果，根据情况及时召开新闻发布会、通气会等，积极开拓研究成果应用转化的新途径，通过新闻宣传，树立智库形象，不断提升城市警务智库服务决策水平。

在常州公安智库运作模式中，树立了效能第一的评价导向，把解决公安工作中存在的问题的实际贡献作为核心标准，完善以贡献和效能为评价标准的绩效评估办法和基层实战单位推广应用后评价机制。建立智库成果报告制度，定期编发警务资讯等材料，拓宽成果应用转化渠道，提高转化效率。加强对执行情况、实施效果和社会影响的评估，建立对智库评估意见的反馈、公开、运用等制度。

## 四、交流合作机制

城市警务智库建设不同于以往的“经院式”研究，要拓展城市警务智库发展空间，必须建立开放式的研究模式。交流和合作是现代警务智库发展的规律和趋势。当前，警务智库还缺乏与各界交流的平台和渠道，智库机构合作和竞争较少，警务智库的研究内容比较碎片化，针对性不强，服务决策的力度还不够，远不能达到决策者的需要和期望。警务智库其实也是外交的一个重要窗口，警务智库要与时俱进、开拓创新，既要从事警务政策研究，又要广泛建立与各类相关警务智库的交流合作机制，以开放的视野强化智库建设和研究领域的务实性合作。实现警务智库研究从碎片化到协同化、从国内到国际的拓展和研究活动从封闭到开放的转变。

### （一）国外智库的交流合作机制

在国外智库建设中，普遍重视开放合作体系的建立和维护，他们在进行课题研究时，会寻求多方力量的资源共享、合作共赢。很多智库不仅与本地政府机关、企业、科研机构、高校合作，还会与国内外专业研究机构、国际组织、相关协会、社区、基层组织等进行合作，研究共同关心的问题。日本官方智库专门设立了派遣研究员制度，即日本政府行政机构、大学、研究机构均可向智库派遣研究员，或是令研究员在日本政府行政机构、大学、研究机构带薪学习、工作一段时间后再返回原单位工作，通过这种方式，建立了完备的官、学、研相结合的交流合作研究体系，充分显示了政府对智库建设的重视，这种做法更是促进了研究与实际工作的结合，对形成科学性、针对性、实用性的智库研究起到了积极的促进作用。

（二）国内智库的交流合作机制

在国内，地方政府引入智库参与决策不应是某一个项目或是某一项政策的委托关系，而应当是一个系统性的社会工程。这就要求地方政府与智库学者之间要进行定期交流，对研究难点问题进行沟通，对政策执行情况进行反馈，对政策研究进行适时调整。同时，地方政府人员还应当与智库学者建立经常性的联系，通过一些正式或非正式的交流，学习到有关政策决策的新思想、新方法，为地方经济的发展寻找新机会。比如，北京社科院建立了世界城市研究中心，作为综合性研究世界城市的协调机构和研究中心，该院每年发布课题，举行研讨会。上海社科院的智库研究中心也紧紧围绕地方社科院的智库转型和国内智库发展，认真借鉴国际智库经验，努力探讨中国智库发展之路，相继出版了系列研究丛书、专报，举办了国际智库论坛。广西社科院智库中心也围绕北部湾经济开放区开发国家战略，与自治区湾办建立了北部湾研究中心，与上海社科院智库研究中心、北海市政府等建立了专门研究机构，即北部湾发展研究院。各智库通过与组织加强合作，建立平台，都取得了较好的成绩。

（三）城市警务智库应采取的交流合作机制

1. 采取开放政策，加强与外界的交流合作。一是智库坚持国际化经营、国际化研究、国际化交流的理念，可以派出警务智库的研究人员到国外的警务智库做访问或进行学术交流，也可邀请国外的智库研究人员到国内来与中国警务智库进行合作研究，接纳国外的访问学者，加强警务智库研究人员的互访及沟通联系。二是加强与外界警务智库的交流合作，加强同公安部确立的两大智库和其他省市警务智库的沟通联系，不断拓展与地市、厅局的合作，通过开展课题合作等方式，加大对其研究成果的运用力度，整合研究资源和研究力量，吸引本单位的警务研究人员，特别是高校或其他研究机构的高水平专家学者和实际工作部门人员参与课题研究工作，真正做到民为我用、洋为我用，提升合作攻关能力和水平，高水平完成研究任务。三是积极参与政府部门的厅局、市县社会发展规划的制定工作，充分发挥智库战略性、前沿性的优势，密切加强与地方党委政府政策研究部门的配合，积极承担和参与市里重大调研课题，争取有关研究成果能直接进入决策，提高成果转化率。

2. 举办和参与高层次学术活动。通过举办学术活动，加强与港澳台或省内外高校、研究机构、上级及兄弟公安机关的学术交流和联系，扩大警务智库的知名度和影响力。积极为研究人员参与高层次学术活动创造条件。通过参加学术活动，提升学术水平，开阔学术视野，增进学术友谊，特别是增强学术研究为现实服务的水平。比如，课题组成员在不影响本职工作的前提下，可以组织到有关城市进行警务交流和调研，可以在本地或者有关地区召开课题研商会，可以在条件成熟的情况下组织一定规模的论坛或者研讨会。

3. 利用媒体广为宣传重要成果及研究专家。充分利用广播电视、报纸刊物、网络媒体等载体，扩大宣传力度，打造城市警务智库的品牌，增强其影响力。积极主动与有关媒体建立长期合作关系和合作机制，办好学术性、理论性专栏，宣传推介重大研究成果和知名专家。

通过以上方式，提高警务智库的开放程度，扩大研究人员的国际视野，积极开展“智库外交”，并使其成为对外传播价值观念和政策主张的使者。

## 五、考评奖励机制

研究人员研究能力和水平的提升，离不开良好的内外部环境；学术创新的推动、研究成果的转型，也离不开完善、合理、高效的智库激励机制和成果考核评价机制。自智库产生以来，业界专家学者都希望能够通过一种科学的方式衡量智库的影响力或存在价值。但如何客观、公正地评估智库的价值一直是个难题。智库的价值如何衡量？以美国兰德公司对朝鲜战争的预测来看，其本身价值远远超过报告本身。当今社会，特别是智库市场化程度比较高、比较成熟的美国、德国和英国，政府每年都会花大量的钱来购买智库的研究成果。目前，上海市政府每年也会购买一些全球的智力成果。一般一项周期为两个月左右的3000字的报告（简本），支付金额高达6万~8万元，当然还有雄厚的学术和调研支撑。正是这种“购买智力”的做法，使上海能够紧扣国际脉搏，在战略思维和发展路径上先人一步。这就是智库的价值，毕竟智库的专业分析能够有效提高国家及社会的治理能力和水平。

对智库成果的科学评价是指引其健康发展的指针。综合评价指标体系要切合智库的工作流程，应当以智库吸引力、管理力和影响力等几个指标为依据作出评价。只有运用好考核与评价这个“指挥棒”，才能充分调动各个方面的积极性，参与到中国特色新型智库的建设中来。

从城市警务智库的功能和作用来看，评价其价值的关键，并不在于其智库的规模大小，而在于其是否能产生高质量的能对决策产生实际影响的理论研究成果，以及是否具有在政策理论设计方面提出问题、思想和战略的能力。实际上，这也是智库影响力的综合体现。采用何种方法和指标能更科学、公平、公开地考评智库研究成果并对其予以奖励，更能顺应智库发展的规律和特点，是考评奖励机制的核心所在。

为进一步激发城市警务智库研究人员的积极性和创造性，科学评价研究人员的工作绩效，鼓励研究人员多出高质量的成果，应当对城市警务智库研究人员进行综合量化考核管理。要在以往经验的积累基础上，以规定、办法、制度等方式将激励制度加以规范，为推动理论创新和实践创新提供良好的外部环境和制度保障，调动研究人员的积极性、主动性和创造性。

一方面是明确综合量化考核原则。要对城市警务智库研究人员进行综合量化、全面考核。从警务智库研究学术影响力、参与决策影响力和社会大众影响力三方面全面量化考核研究人员的研究成果和业绩。通过业绩导向，将奖励、课题资助强度与研究业绩相挂钩，形成有力有效的激励机制，优化城市警务智库研究资源配置。在肯定城市警务智库研究课题数量的同时，更强调城市警务智库研究成果的学术价值和应用价值，旨在注重质量，推崇精品，加大高质量成果的量化分值。

另一方面是综合量化计分。综合量化计分可以按年度、季度或月度进行。在城市警务智库成果考评奖励方面，要牢固树立研究课题质量第一的评价导向，把解决公安工作中所遇到问题的实际贡献作为核心标准，完善以贡献和质量为导向的绩效评估办法和以公安机关、党委政府采纳应用和实践效果为主的评价机制。为规范城市警务智库研究量化计分的严肃性、公平性和科学性，两人或两人以上合作的研究项目及其研究成果，由项目负责人与参与者协商后按实际贡献分配分值。对于应当进行咨询论证而不进行咨询论证的，或者对专家合理建议不予采纳并因此导致决策失误、造成重大损失或影响的，应严格追究责任，促使决策咨询制度切实得到贯彻和执行。

## 六、经费保障机制

在西方国家，智库非常重视“独立性”，并把独立性看作信誉的象征。研究经费一般靠自筹或由基金会、大企业赞助，在组织上独立于其他任何机构。而其资金来源的多元化是实现相对独立性的重要基础。城市警务智库具有资金密集的特点，要高度重视建立适合城市警务智库运行规律的经费保障机制。探索建立多元化、多渠道、多层次的资金投入体系，健全竞争性经费与稳定支持经费相协调的投入机制。积极探索建立符合警务智库建设需要和运行特点的经费管理办法，实行预算管理，规范经费使用，加强绩效评估和审计，提高经费使用效益。

从国内外智库以及当前警务智库来看，经费保障是智库建设的必要条件，也是警务智库发展的核心之一，政府拨款、研究委托、企业捐赠、基金会支持、出版物销售等是获取研究经费的主要渠道。

（一）政府拨款

政府直接提供研究经费是警务智库经费的主要来源。国外智库获取经费的方式很大程度上取决于该机构对决策影响力的大小。大多拥有政府背景或主要为政府服务的智库，政府资助在其经费来源中占很大比例。例如，英国国家发展研究所69%的经费来源于政府的支持，政府资助在所有英国官办智库资金总收入中的比例占到近50%。我国城市警务智库主要是为党委政府的决策服务，党委和政府是城市警务智库研究最大的需求者和消费方，城市警务智库的发展、壮大离不开党委政府的支持。为此，政府拨款应当占城市警务智库经费来源的主要部分。

（二）研究委托

政府合同型政策研究智库大多由政府提供研究经费，以委托合同的方式，为政府提供政策研究咨询报告。国外知名独立型智库的经费大部分来自政府部门。例如，在美国兰德公司，每年有700～800个项目合同是与美国联邦政府签订的，其中有些合同金额甚至高达数千万美元，接受政府的研究委托成为赚取智库经费的重要方式。

（三）企业捐赠或基金会支持

接受企业、社团捐助和基金会支持也是智库经费来源的主要渠道之一。在国外，大公司财团对智库实施捐助，既是企业社会责任的体现，又是提高自己公众影响力的有效手段。基金会是支持国外智库建设的主要力量，有的国外智库还会成立专业核心研究团组去吸引基金会的支持。例如，布鲁金斯学会每年有经费4000万美元，除包含学会创始人布鲁金斯的专项基金外，还有基金会、大公司、个人的捐助和其他一些投资收入。其中董事会主席是最大的投资者之一，大公司的赞助占其全部经费的近50%。在警务智库经费筹备中，可以借助地方警察协会等平台，依托一些有责任心并关心警察事业的企业捐赠，用于雇佣一批高级分析家从事研究，出版理论研究著作，或用于研究者研究成果的奖励，提高研究者工作积极性和研究成果的影响力。为保证研究的独立性、公正性，城市警务智库经费的使用应当履行经费使用条例，对经费支出应当有严格的限制和规定。同时，智库对企业捐赠也应当设立最低限额，以保证城市警务智库研究的独立性。

（四）出版物销售等

智库一般通过出版物销售、会费收取、召开论坛、提供有偿专业培训以及咨询服务等方式获取资金。出版物包括刊物、独立分析专题报告、时政短评、政策综述等不同种类的文献资料。

在城市警务智库构建中，公安部、省厅应当设立专项经费支持部级智库建设，按照每个智库年度预算给予支持。经费预算主要用于重大项目研究、组织全国性（国际性）警务学术交流、科研团队建设、书刊出版、图书资料、器材装备和网站建设等。

同时，在警务智库建设中，还要建立相应的经费管理制度。在制度起草期间，就要点和突破点，同财政局等有关部门充分沟通，确保经费管理制度的制定既符合国家相关规定，又充分结合警务智库活动实际需求而有所创新和突破。

## 第四节　优质的智库人才队伍

建设城市警务智库离不开一流的人才，警务智库的核心是研究人员，可以说人才是决定城市警务智库生存和发展的最关键因素。因此，从这个意义上说，城市警务智库也可以称为城市警务人才库。一个致力于服务地方经济社会发展，具有广泛影响力和品牌知名度的城市警务智库必然要求有一大批专业水平高、研究能力强的学术人才做坚实支撑。城市警务智库应当坚持“以人为本”和“尊重劳动、尊重知识、尊重人才、尊重创造”的方针，紧紧抓住人才的吸引、培养和使用三个环节，以人才机制和人才环境建设为重点，加大人才培养力度；大力推行机构和内部运行机制改革；着力营造吸引人才和用好人才的良好环境，创造让优秀人才脱颖而出的条件，培养一支富有创新意识和创新能力的优秀研究团队。

当前国内许多智库的人才队伍中都存在一些问题。一是有影响的学术专家很多在参与智库研究的同时还有自己的工作，对于智库研究都是兼职，很多利用业余时间进行研究；二是具有学术影响力的专家型人才凤毛麟角，具有足够竞争力的后备队伍难以形成；三是特定领域的专业人才培养力度仍然不够，警务智库在专、精、特、深方面仍然没有体现自己的优势；四是难以形成可持续的竞争优势。一般来说，城市警务智库的人才队伍建设主要包含以下三个方面。

## 一、内部人才整合

在美国有个“旋转门”现象。美国的行政当局是典型的“一朝天子一朝臣”，每次换届选举后都伴随着政府官员大换班。政府部长等高级官员不是由议会党团产生，而是来自精英荟萃的智库。这一点与欧洲国家和中国都很不相同。每隔四年，很多卸任的官员会到智库从事政策研究，而智库的研究者也有机会到政府担任要职，从研究者变为执政者，即智库核心成员成名之后，就会被吸纳到政府决策部门，直接参与美国的政治决策，而原先政府决策部门的官员在退出政坛后，往往会在智库找到发挥余热的机会。这种学者和官员之间的流通就是美国的“旋转门”机制，学界与政界、思想和权力之间可以得到很畅通的交流，从而有效地保证智库对国家政策施加影响。

人才队伍要与人事制度改革相结合，坚持党管人才的原则，要将“政治强、业务精、作风正”的人才选进来，要做深入细致的调查研究工作，多听群众意见，多听不同意见；要有一套科学完整的人才整合方案。按照“扩大增量、优化存量、提升质量”的总要求，统筹推进人才队伍建设。

要充分发挥专家的“传、帮、带”作用和学术影响力，带动中青年研究人员迅速成长。要加大对科研骨干的培养力度，围绕城市警务智库建设的要求，着力扶持中青年理论研究人才，在他们之中发现并培养优秀的带头人。对青年研究人员的教育培养要结合警务研究建设要求，采取继续深造、短期培训和进修等措施，使青年研究人员的素质和研究水平有较大提升，为城市警务智库建设提供坚实的后备人才队伍。

## 二、重点人才培养

城市警务智库不仅是高端人才聚集地，同时也是人才的培养基地。西方智库十分重视智库人员的培养。将“出人才”与“出成果”置于同等重要的地位，一些智库往往将培养了多少政治家作为其智库影响力的重要方面。很多智库也成为年轻人踏入政界的跳板，毕竟在智库中可以接触到大量的决策人物、获知内部信息，并且可以培养年轻政治家分析问题和解决问题的能力。比如，美国兰德公司就设有自己的研究生院，为年轻人提供“实习生项目”，为初出茅庐的研究人员结交前辈、进行实践、历练能力、增长才干提供机会。

城市警务智库通过承接相关城市警务研究课题和在研究所挂职来实现自身研究型人才的历练和培养，成为研究型人才及未来决策者的培养基地。对于中青年骨干人才，应当重用。对政治素质强、业务能力强、研究水平高的中青年研究人员，提前压担子，进行强化培养，让中青年人才逐步承担部级或省级课题以及主要领导交办的课题。对于重点领军人才，如学术影响较大、科研业绩突出的高级职称人员，积极为其创造条件，推荐他们积极争取有关专家荣誉称号。例如,[①] 湖北省设有湖北省社会科学院（前身是中国科学院武汉哲学社会科学研究所）文库，凡博士论文、国家社科基金结项课题、有重要学术影响的理论著作纳入“文库”资助计划的，一次性资助3万元。对于加强中青年科研后备人才队伍建设，开展“读经典、打基础”读书班活动，选配所长助理，每所配备1名40岁以下的中青年科研人员担任所长助理；实施博士资助计划，凡本院人员在职攻读博士学位，毕业后一次性报销学费3万元或资助出版博士论文，选拔年轻干部到基层挂职锻炼；评选李达青年学术成果奖，首次评选中表彰了4名科研成果突出的青年科研人员，在青年学者中引起较大反响。

## 三、优秀人才引进

智库在西方被称为“脑库”，按照美国兰德公司的创始人弗兰克·科尔博莫的定义，智库就是一个“思想工厂”，一个没有学生的“大学”，一个有着明确目标和坚定追求，却同时无拘无束、异想天开的“头脑风暴”中心，一个敢于超越一切现有智慧、敢于挑战和蔑视现有权威的“战略思想中心”。归根结底，智库是生产思想和政策的智力工厂。美国著名智库研究专家安德鲁·里奇认为，所谓智库就是“独立的、不以利益为基础的、非营利性的政治组织”。安德鲁·里奇的智库概念主要强调了智库机构运作的特别之处，即智库的“独立性”和“非营利性”。智库作为一种咨询研究机构，主要依靠专家的意见和思想来获得外界力量的支持并影响政策制定过程。[②]为此，城市警务智库要建成警务工作的思想库和智囊团，要建成国内一流、国际知名的智库，最为关键的资源就是人才，最为重要的举措就是优秀人才引进。

受体制因素的制约，城市警务智库在人才引进方面具有一定限制，必须把目标放长远，引社会之智为我所用，建立多平台的人才共享机制，汇集各方面人才，不求为我所有，但求为我所用，使城市警务智库成为警界精英及社会各个阶层精英群体的“俱乐部”，充当人才流通的“中转站”。要进一

① 王健：《智库转型：理论创新与实践探索》，生活·读书·新知三联书店2012年版，第161页。
② 王健：《智库转型：理论创新与实践探索》，生活·读书·新知三联书店2012年版，第33页。

步坚持开门办智库，通过联办研究中心、举办论坛、举办学术会议、开展联合调研等形式，充分挖掘和利用社会优秀人才资源。特别是在人才的引进上，提高进入研究中心的门槛，把年轻、拥有较强专业技术作为引进研究人员的最低标准，从而优化城市警务智库研究队伍人员的年龄结构和学历结构。

# 第六章　苏州城市警务智库建设的初步探索与实践

苏州自古人杰地灵，文化氛围比较浓厚。在苏州公安警队中，也一直有着重视警队文化、注重理论研究的优良传统。特别是近年来，苏州警队先后探索尝试建立了苏州市逻辑协会警用逻辑分会、创意警务特邀研究员团队、姑苏警务智库等多种形式的城市警务智库，立足苏州警务实际，深入组织开展警务理论研究，积极服务警务实战，为苏州警队发展也作出了积极贡献。在苏州城市警务智库建设的未来发展方向上，要在专业化、战略性和辅助决策性上重点予以加强，在加强警务发展的全面协调可持续上多研究，在运用科技信息化与建立相应机制来解决制约警务发展难题上多出高招、实招，更好地发挥智库在科学决策上的重要支撑作用。

## 第一节　苏州城市警务智库的发展历程

从苏州警务智库的发展脉络来看，虽然一开始并没有明确提出城市警务智库这个概念，但却一直在按照智库建设思路，通过探索警务智囊团队建设来推动工作，并探索形成了城市警务智库的雏形。

### 一、起步阶段

为了加强警务研究团队建设，营造警务研究的良好环境，早在2009年4月，苏州市公安局就探索成立了苏州市逻辑协会警用逻辑分会，开创了苏州城市警务智库建设的先河，并较早形成了城市警务智库的雏形。该协会主要是依托苏州市逻辑学会，以苏州公安队伍中热爱研究的民警为主体，以警务工作为主要研究对象，以逻辑思维为主要研究方法，组织开展警务研究的社会团体。2009 年 6 月，苏州市逻辑学会警用逻辑分会正式通过民政部门登记注册。

成立警用逻辑分会，动员广大民警学逻辑、用逻辑，就是要推动良好学习氛围的形成，为广大民警特别是近年来引进的高学历青年民警提供一个理论研究和实践创新的平台，大力开展创意警务，在先进理念和理性思维指导下创造一流的公安工作业绩，全面提升公安工作发展质态，为建设平安苏州作出贡献。警用逻辑分会以学逻辑、用逻辑为纽带，以开展课题研究为主要活动形式，以推动公安工作科学发展为主要目标，以丰硕的成果来扩大影响、壮大发展，吸引更多的民警加入分会，在科学发展观的指导下大力开展创意警务，在全局形成勤学多思的氛围，提高破解难题的能力，建立常态高效的机制，建成人才济济的队伍，切实提高苏州公安的战斗力和竞争力。

根据警用逻辑分会章程，苏州警用逻辑分会设主任、副主任和委员若干。分会下设秘书处，作为日常办事机构。分会秘书处设在苏州市公安局办公室，主任由市局领导担任，并成立以下委员会：一是顾问委员会，以往届会领导骨干为主体，对学会的学术研究和建设发展等提供咨询意见，为学会的重大事项提出决策建议。二是学术研究委员会，以大专院校教师和研究人员为主体，开展学术研究，组织学术交流活动，实现消化吸收再创新。三是成果推广委员会，以入会的企业家会员为主体，以社会经济实体为依托，将科研成果转化为现实生产力，推进实体经济转型升级科学发展。四是对外联络委员会，以入会的会员为主体，充分发挥人脉优势，搭建学会与社会各界之间的桥梁，壮大本会队伍建设，扩大本会的社会影响力。五是法律应用委员会，以警用逻辑分会为主体，将逻辑原理方法以及研究成果深度应用于社会治理和服务实践，同时，为逻辑应用和警用逻辑分会建设发展提供服务。

警用逻辑分会主要有三项任务：一是以学习为基础，开展逻辑学理论学习研究，普及与提高相结合，应用研究与理论研究相结合，学会辩证地分析问题。二是以应用为重点，理论联系实际，围绕公安工作战略性、方向性的问题，以及侦查、管理等公安业务工作和队伍建设中的具体问题，指导实践、提炼经验、总结规律。三是以成果为目标，用科学的思维指导实践，解决一批实际问题；利用报纸专栏或内部刊物等推出一批理论文章；每年召开专题研讨会并组织评审理论研究成果，参与有关学术交流，推动苏州公安理论研究的发展，为苏州公安决策和实践服务。

苏州警用逻辑分会成立后，分会秘书处一方面积极组织开展逻辑学理论学习研究，专门邀请市逻辑学会会长沈荣兴教授为全体警用逻辑分会会员作了题为“逻辑学和警用逻辑研究”的学习讲座、多次召开警用逻辑分会相关会议暨创意警务研讨会、分配各分会小组调研课题，力争做到普及与提高相结合，应用研究与理论研究相结合，努力学会辩证地分析问题。另一方面以应用为重点，做到理论联系实际，围绕公安工作战略性、方向性的问题，以及侦查、管理等公安业务工作和队伍建设中的具体问题，指导实践、提炼经验、总结规律，形成了“从‘五金机电一条街’交通整治看‘二难’之破解”“盘问中的逻辑问题探讨”等学术研究成果。

警用逻辑分会先后聘用特邀研究员300余名。为了更好地推动警用逻辑分会健康运作，分会秘书处把所有分会会员划归为八个组，分别给各个小组分配调研课题，分头攻关，把会员的精力引导到创意攻坚、解决实际问题、提高工作成效上来，通过课题吸引新警和高素质人才加入。

苏州警用逻辑分会有相对固定的组织机构，具有相对学术独立性，能够履行课题研究、对外交流等职能功能，初步具备了智库的基本特征和功能，是苏州城市警务智库的雏形。

## 二、发展阶段

2009年6月，苏州市公安局在全国首次提出并实践了创意警务，对城市警务智库建设进行了深入探索。所谓创意警务，就是指引导广大民警学习先进的理念，掌握科学的思维方法，充分激发其创新意识和创新潜能，推进警务机制、警务手段的设计革新，最大限度地将智力成果转化为现实战斗力，以最小的成本获取最大的效益，实现警务的内涵式发展。

苏州市公安局专门成立创意警务领导小组和办公室，负责协调推动创意警务工作，组织民警开展课题研究，创造性地开展工作。同时，专门建立了创意警务网站，为创意警务研究院开展课题研究和交流提供平台。专门制定了创意警务工作规范等一系列规章制度，构建“四位一体”（“一个创意集成平台”“一张创意组织网络”“一套完备的工作机制”“一套创意考评激励机制”）推动体系，确保创意警务健康有序发展。

创意警务具有四个特点：一是主体的广泛性。全市公安机关无论是领导还是民警，都可以从不同岗位、不同层面开展不同类型的创意警务，也可以吸纳热心、关注公安工作的创意专家、有志之士参与创意警务。二是内容的多样性。覆盖公安工作和队伍建设各个领域，包括公安机关内部、公安与社会互动的各个环节。三是成果的先进性、实用性和可复制性。创意成果既要新颖又要实用，对提高某项警务活动的效能具有现实意义，不能脱离实际；同时，可以将创意成果进行复制和传播，至少在同类警务活动中具有推广意义。四是过程的动态性。创意警务不是一次性的过程，因为创意成果并不是一成不变的，而要在实践中不断研究完善，不断保持创意成果的先进性。

创意警务应包含四层含义：第一，创意警务来自民警的创新思维和创造能力，是民警的智力成果。第二，创意警务，是指通过引进、移植、嫁接“人本”“合作多赢”“集约化”“质量管理”等各领域先进理念和工作模式，对警务工作进行创新设计。第三，创意一定要有实践基地，不仅要从实践中来，而且必须要回到实践中去，是理论研究成果的付诸实践、推广运用。第四，创意警务要着眼于提高警务效能、改善公安工作发展的质态，把落脚点放在实现无增长改善上。

创意警务可作以下具体分类：一是按作用划分，创意警务可分为初级创意，如各种建设性意见、金点子；中级创意，如各种实用性、实战性的工作法、警务模式和运行机制、管理方法；高端创意，如理论前瞻性研究、公安科技突破、发展战略定位等。二是从层面上分，可分为宏观创意，如对公安工作和队伍建设进行整体谋划的工作思路、警务战略、发展模式；微观创意，如具体警务工作中的各类小发明、小创造。三是按内容划分，可分为设计性创意，如体制机制、机构职能的调整；技术性创意，如信息技术、刑事技术的研发；规律性创意，如各类工作法、技战法等。

从以上分析来看，创意警务已经具备了现代警务智库的主要特征和基本构成要素，有较为完整的组织机构、研究团队、经费来源、课题组织、表彰奖励等工作制度和运行机制，并在实践中发挥了警务智库的重要功能。

## 三、形成阶段

智库是思想创新的动力和源头，高水平、国际化的智库是一个国家软实力和国际话语权的重要体现。为更好地发挥警务智库作用，2015 年 9 月，苏州市公安局正式建立姑苏警务城市智库，其是全国首家以城市警务智库命名的警务智库机构。

一是明确姑苏警务智库的职能作用。要加强理论研究，充分发挥智囊团作用，定期推出研究成果，促进应用转化，为苏州警务现代化建设提供可参考、可借鉴的决策依据，开创苏州公安理论研究新局面。第一，主动开展调查研究，积极解决工作中的难题。姑苏警务智库作为公安机关内设的智囊机构，主要任务就是开展调查研究、寻找解决问题的方法途径。围绕上级的新精神、新要求，社会治安面临的新形势、新热点和业务工作、队伍建设中出现的新情况、新问题主动开展调研，提出针对性、可操作性强的对策建议。第二，积极建言献策，服务公安中心工作。姑苏警务智库切实按照上级的有关部署要求，围绕公安中心工作，积极建言献策，提供更多更好的符合城市警务发展实际的“金点子”。与此同时，积极参与各警种、部门重点工作任务、中长期发展规划的研究制定，提出具有前瞻性、导向性的咨询建议，并跟踪论证。第三，全力创新创优，积极打造工作品牌。一直以来，苏州公安工作中存在不少好的经验做法，但缺乏专门的机构和人员去总结和提炼，姑苏警务智库的一项重要工作就是总结、提炼相关警种、部门工作中经过长期实践形成的好的经验和做法，努力打造出更多符合城市警务实际的工作品牌。

二是成立智库组织机构，明确智库负责人以及秘书处、研究部、外联部等机构，负责智库日常运行。姑苏警务智库实行秘书长负责制，设秘书长一名，副秘书长若干名。秘书长由现任的市局办公室主任担任，分管学术研究部的副秘书长由办公室分管调研的副主任兼任。秘书处主要负责智库管理与日常运转，研究部主要负责围绕城市警务中心工作提出智库工作计划和调研课题计划，及时向智库成员传达任务和要求，组织智库成员开展调研活动，对智库专题研究成果进行评估，并将结果及时反馈给相关部门等。外联部主要负责智库对外联络的日常管理工作，充分发挥对外联络的作用，密切加强与上级及兄弟公安部门、公安部级智库及其他地区智库的联系，协助各相关部门解决在工作中遇到的困难，草拟关于外联工作的各种文稿，并做好智库外联工作文书的立卷和归档管理工作。

三是规范姑苏警务智库运行章程。为确立姑苏警务智库的管理体制和运行机制，根据中央办公厅、国务院办公厅《关于加强中国特色新型智库建设的意见》、公安部《关于加强公安机关新型智库建设的意见》及有关法律法规的规定，特别制定了《姑苏警务智库章程》，明确了姑苏警务智库的主要职能、主要任务及职责。

四是获得稳定资金支持。姑苏警务智库不依赖财政支持，而是通过社会募集、单位会员支持，以及课题申报等途径，获取智库运行资金，支撑智库研究人员开展课题研究。

五是加强人才队伍建设。姑苏警务智库成立之初，就先后聘请全国十大青年法学家、西南政法大学副校长孙长永，中国人民公安大学教授、全国公安民警教育训练中心主任王大为，苏州大学教授、博士生导师李晓明等一批专家学者作为警务智库特邀研究员，为智库课题研究提供高端理论支持。

六是定期举办警务论坛等学术交流活动，并积极参加海峡两岸暨香港、澳门警学研讨会等学术交流会议。

七是积极组织开展课题研究。先后完成公安部软科学重点研究项目“警务现代化基本范畴及实现路径研究”等重大课题，积极服务警务实战决策，较好发挥智库作用。

### 四、完善阶段

公安部公安发展战略研究所依托姑苏警务智库，建立城市警务研究中心，标志苏州城市警务智库进入了快速发展的新阶段。

2016 年 6 月 17 日上午，“公安部公安发展战略研究所城市警务研究中心”揭牌仪式在苏州市举行，中国人民公安大学校党委副书记、校长兼公安部公安发展战略研究所所长曹诗权，时任江苏省公安厅党委委员、苏州市政协副主席、公安局党委书记张跃进共同为中心揭牌。公安发展战略研究所执行所长田全华、苏州市公安局政治部主任刘凤珠等出席仪式。

曹诗权代表公安部公安发展战略研究所理事会，正式宣布依托苏州市警察协会建设第一个校外研究基地“城市警务研究中心”的决定。该中心的建设是为加强对城市安全和公安工作重大现实问题，以及事关公安工作长远发展的基础理论研究，取得高质量智库成果，发挥部级智库的战略研究、政策建言、人才培养、舆论引导等重要功能。城市警务研究中心是一个有着鲜明特色的公安新型智库，按照“部级智库、苏州市警察协会、姑苏警务智库”三位一体的运行模式，积极发挥三个层面的作用：在国家战略层面，可以提供高端服务，通过公安部公安发展战略研究所提供融入国家安全战略的城市安全研究成果，形成切合中央改革方略的咨询报告；在部委决策层面，可以为中央政法委、公安部提供司法改革、公安改革的创意样本和决策参考；在基层实践层面，可以结合一线实操，提出有针对性的理论成果和机制创新实践，发挥智库作用，激发基层活力。同时，公安部公安发展战略研究所会对城市研究中心下一步的工作计划积极跟进，全力支持，争取聚集高质量的智库成果。

## 第二节　苏州城市警务智库的运营机制

习近平同志提出：“我们党需要有一批‘蹚方步’的人。”而在公安机关，同样需要众多“蹚方步”的研究者、智囊团。近年来，虽然苏州公安机关没有明确提出智库建设这个概念，但是一直在按照智库建设的发展思路来推动工作，一直致力于切实贯彻落实中央和省厅领导的批示精神，深入推进现代警务机制改革，不断总结创意警务实践经验，提炼警务理论价值，提升警务工作效能，引导全体民警开动脑筋做工作，凝心聚智破难题、凝心聚力增效益、凝心聚神强队伍，为全国城市警务率先基本实现警务现代化提供实践路径。尤其注重发挥调查研究对工作的推动作用，先后探索形成了警务智库建设的运营机制，组织开展了一系列重大课题研究，包括公安部软科学重点支持项目《警务现代化基本范畴及实现路径研究》等。具体而言，苏州城市警务智库的运营机制主要有：

## 一、课题组织管理机制

为了加强对研究课题的管理，积极为公安工作改革创新建言献策，充分发挥好公安理论研究的职能作用，城市警务智库把公安理论研究作为工作重点贯彻始终，以应用型研究为基础，以全局性、战略性、前瞻性研究为目标，将警务现代化指标体系建设作为重点，广泛开展调查研究和学术交流活动，制定课题管理流程，围绕当前课题研究主题，明确课题研究要求。通过建立并完善课题组织管理机制，为苏州警务现代化建设提供可参考、可借鉴的决策依据，提炼城市警务中的优秀工作经验。

### （一）课题管理的流程

一是建立课题组织管理机制与措施，明确相关单位、组织和人员的研究职责。二是组织编制课题任务书，并按照签订的课题任务书确定各项研究任务，组织研究队伍，落实配套条件，以完成课题预定的目标。三是按照项目组织单位要求或经其同意的格式，组织编制合同并及时与课题参与单位签署课题子任务合同。四是组织编制课题预算书，并确保落实承诺的匹配经费及其他配套条件，确保经费的合理使用。五是对课题成果进行登记，并推动课题成果的转化和推广应用。

### （二）课题研究的主题

“问题是时代的声音。”能不能敏锐地发现问题并研究问题，可不可以及时有效地提出解决问题的办法措施，是检验一家智库水平高低的重要标准。面对不断变化的世界，智库只有科学地回答时代和实践提出的问题，其研究才能更加贴近社会现实，成果才能更加符合人们需要。只有坚持问题导向，善于发现问题、提出问题、直面问题、研究问题，才能提供对路有效的对策建议。特别是对城市警务智库而言，当前公安工作中的重点、难点、热点问题大量存在，城市警务智库必须坚持问题导向原则，紧紧围绕制约警务发展的现实问题、影响社会治安的治理难题，以及影响公安事业长远发展的前瞻性问题，充分发挥自身优势，切实加强课题研究，认真思考解决问题的办法和途径，努力提出有见地、可操作性强的意见措施，真正为公安机关领导层决策提供高质量的咨询建议。城市警务智库主要定位于城市警务研究，紧紧围绕城市警务改革、警务基本实现现代化等中心工作，从理论研究和实践总结视角，充分阐述和论证城市警务的理论及其对公安工作的创新驱动作用。主要研究主题或方向有：加强大数据云计算技术应用研究，着重研究大数据、云计算对警务机制、勤务运行模式的影响，加快推动公安机关战斗力生成模式转变。紧盯法治建设需要，提出针对性意见建议，推动法治公安建设，提升依法充分履职能力。开展城市警务改革的时代背景、内涵及价值研究；现代警务机制改革研究；警务改革推动公安工作转型发展研究；“警力无增长改善”研究；社会管理创新视野下的城市警务改革研究；警察理性研究；公安决策研究；公安执法研究；警务改革与警察文化研究；和谐警民关系研究；公安信息化建设应用研究；公安队伍建设研究；创意警务成果转化研究等。

（三）课题研究的要求

围绕主题、突出重点，抓住影响公安工作和队伍建设科学发展的重大问题、日常警务活动中遇到的现实问题、基层和民警反映强烈的突出问题，进行深入研究和理性思考，从理论与实践层面去总结经验教训、探索规律特点，不断丰富完善创意警务工作体系。分析形势要立足现阶段国情、省情、市情、社情、民情，充分考虑经济、社会、文化、科技等大背景；剖析问题要透过现象看本质，抓住主要矛盾和矛盾主要方面；提出对策要符合基层实际、符合实战和取得实效要求，具有针对性、可操作性、指导性和前瞻性。遵从实战导向性原则。常态实战是公安机关不同于一般行政机关的最大特点，为此，城市警务智库研究也更多体现实战导向性，研究的重点和方向更偏重于实战调研、实战决策，研究成果直接为现实斗争服务，满足警务实战需求。例如，对当前犯罪活动动态化、跨区域性特征日趋明显的特点，城市警务智库要加强区域警务协作的研究，努力推动城市公安机关之间形成动态化、信息化条件下分工合作、高效协调、优势互补、互援共助的区域警务协作格局，从而实现对区域社会治安的动态全面掌控。再如，针对通信网络诈骗案件在全国呈蔓延之势，城市警务智库加强打击治理通信网络诈骗犯罪的相关研究，创新打击治理通信网络诈骗工作的方式方法，丰富打击治理通信网络诈骗工作的战法和打击手段，推动公安机关提升打击治理通信网络诈骗的实力和能力。又如，群体性事件处置历来是社会治理的难题。虽然各地公安机关对处置群体性事件可能早已形成相关处置预案和规定，但是这一问题仍然难以得到很好解决。城市警务智库就要针对这类长期存在又暂时找不到良好解决办法的困难问题进行攻关，从根本上解决问题。总之，城市警务智库就是要深入调研实战需求，聚焦公安使命，紧盯公安实战重点领域开展课题研究，加强难题攻关，力争形成更多更实用的研究成果，把研究成果最大限度应用于实战。例如，选题灵活性原则。城市警务智库除了对城市公安机关委托的课题开展研究外，还从更宽的视野、更新的视角、更高的视点加强自主选题策划，在准确把握城市公安机关当前面临的形势和任务基础上，灵活选择研究课题，以确保研究成果能够为公安决策者所接受和采纳。再如，近年来，随着司法体制改革，特别是以审判为中心的诉讼制度改革的逐步深入，法院、检察院对侦查办案的要求越来越高、把关越来越严。公安机关作为兼具行政执法和刑事司法双重职能的部门，是刑事司法活动的起始阶段，司法改革的压力必然最终要传导到公安机关。如何创新公安侦查工作，提升侦查工作能力和侦查质效，主动适应以审判为中心的诉讼制度改革要求，成为当前公安机关亟须解决的重大问题，城市警务智库可以从创新侦查工作主动适应以审判为中心的诉讼制度改革为主题，加快对公安机关侦查理念和思路、侦查工作结构、侦查运行模式、侦查工作手段、侦查工作保障等方面进行大量研究，提出切实可行的意见和建议，促进公安机关更早、更快、更好地适应以审判为中心的诉讼制度改革带来的挑战。又如，中央深化改革领导小组审议通过的《关于全面深化公安改革若干重大问题的框架意见》提出，要完善与国家治理体系和治理能力现代化、建设中国特色社会主义法治体系相适应的现代警务运行机制，对各级公安机关在社会治理现代化进程中不断创新警务实战提出了新的更高要求。城市警务智库可以以警务体系和警务能力现代化为选题，认真思考传统警务中存在的弊端、深入研究现代警务应该具备的元素，创新提出完善与推进国家治理体系和治理能力现代化相适应的现代警务运行机制建设的路径，为公安机关认清形势、指明道路提供决策指导和理论支撑。

## 二、研究流程管理机制

在姑苏警务智库运作过程中，要不断加强对课题研究目标的分解，研究方法的确定，强化对课题研究的流程管理。城市警务智库研究管理流程中，明确所有研究课题都应当制订课题研究方案。包括准确表述研究的问题和分解研究问题，将研究问题转换成交涉、确定采用的研究方法、安排研究人员及其分工、进行课题研究的组织和协调等，并且坚持每年攻坚一个重大课题、出版一本专著，已成为智库研究工作的常态模式。近年来，先后出版发行了《中国农民工问题解读》《中国农民工问题新解》《经营心路》《创意警务论》《社会治安防控体系建设研究》《理性警察论》以及《公安刑事和解》等著作10余部，完成《公安勤务制度改革研究》《关于率先基本实现警务现代化的实践与思考》《论公安机关刑事和解体系的构建》《警务现代化理论基本范畴和实现路径研究》《警辅立法研究》等部、省、市级课题30余项，先后获得公安部“金盾图书奖”、江苏省哲学社会科学一等奖等部、省、市级以上学术成果奖80余次，多次受到公安部和社科界的表彰和肯定。这些成果，为高质量智库建设夯实了基础。

一是抓准研究切入点，分解课题研究的目标。确定研究方向或研究主题、总体目标。并选定课题研究的切入点。一方面是从基础性的、容易的、关键性的问题中选定；另一方面是从已经成功的经验中去寻找。

二是明确研究思路，确定研究方法。通过对研究问题进行正向分析、逆向分析等方法，厘清和形成研究思路。课题研究的主要方法有观察法、调查法、文献资料法、经验总结法、比较研究法、个案研究法、行动研究法、反思研究法等，辅助方法有统计法、测量法和问卷调查法等。

三是开展理论思维，提出研究假设。明确研究假设形成的基本步骤，即提炼问题、寻求理论支持、形成初步假设；推演出理论性陈述，使假设结构化；形成基本观点；对基本观点再提炼，形成假设的核心。明确研究假设形成的基本条件，即要以科学观察和经验归纳为基础；以科学的思想方法为指导，通过类比、归纳、演绎等方法，作出合乎逻辑的某种命题；研究者要有丰富的知识、经验。明确研究假设表述的方式，即表述应该是有倾向性的，可以是肯定式或否定式，而且假设中的变量与变量之间的关系应该是能够操作、能够观察和验证的。研究假设可分为描述性假设和解释性假设。

实施课题研究，主要是收集资料、整理资料、分析资料和概括结果。对于收集资料。一是围绕研究主题的指导思想，根据课题研究需要进行资料收集；二是明确收集资料所需工具；三是采用适当的科学方法广泛收集资料；四是按计划收集基础材料和原始数据；五是注重资料、数据的客观性。对制订调查计划，通过调查手段收集资料，必须做好调查计划设计。其内容包括明确调查题目、阐明调查目的、选定调查单位、规定调查规模、研究调查对象、说明调查方法、编写调查提纲、拟定调查顺序和时间安排等。

## 三、研究成果转化机制

2015年9月《姑苏警务智库通讯》伴随着“姑苏警务智库”的成立正式创刊了，也成为城市警务研究中心的研究载体之一。《姑苏警务智库通讯》是一份面向警营、面向社会、公开赠阅的理论探索与警务实践的交流性刊物。它的诞生具有鲜明的时代特征，体现了创新精神，其不仅是“思想池”“智慧库”，更承担着战略研究政策建言、人才培养、舆论引导等重要职责，促使研究成果的转化。

打造城市警务研究中心，需要有世界眼光、理论根基和学术自觉，需要借鉴国内外优秀警务智库建设的有益经验，需要有研究及成果转化的载体。《姑苏警务智库通讯》主要分为智库动态、警学研究、专家视域、公安深改、警务创意、警海拾贝等栏目。智库动态：为及时反映姑苏警务智库工作动态，交流新经验、新做法，探讨新思路、新举措，《姑苏警务智库通讯》在“智库动态”栏目里对警务智库相关活动进行实时刊载。警学研究：姑苏警务智库把公安理论研究作为首要职能、建会之基、立会之本，充分发挥智囊团的作用，推出研究成果。在“警学研究”栏目中，先后刊载了《扎实推进社会治安防控体系“升级版”建设》《苏州公安系统谋划警务改革的初步实践探索》等调研报告。专家视域：姑苏警务智库是城市警务智库研究的专业机构，聘请了20余名知名专家学者担任特约研究员组成专家团队。专家团队以城市公共安全问题和政策为主要研究对象，以服务公安机关民主依法决策为宗旨，制定开展警务研究工作规划，开展警务理论和警务实战研究项目的组织、研究和管理。公安深改：为突破制约警务瓶颈的问题，近年来苏州公安一直在推进警务改革工作，特别2015年5月，苏州被公安部列为全国公安改革四个地市级综合试点地区之一，试点以来，苏州市局制定了《关于全面深化公安改革的总体方案》，明确了公安改革的“任务书”和“路线图”。2016年9月，市委办公室、市政府办公室印发了《关于全面深化公安改革的实施意见》的通知，进一步推进了苏州公安改革工作。在“公安深改”栏目中，实时刊载了《苏州市公安局推进犯罪预测系统应用，建立苏州市“反诈骗中心”》等文章，反映了姑苏警务智库坚持改革驱动，积极创新实践，推动公安工作再上新台阶。警务创意：当前，“警力不足、动力不够、办法不多”已然成为困扰全国公安机关的突出问题，面对传统激励手段效果不佳，难以为继的现状，姑苏警务智库以创意警务为引领，加强新形势下队伍管理工作，发动全体民警凝心聚智、凝神聚智、凝智聚力，不断推动苏州公安队伍建设科学发展，队伍的凝聚力、战斗力和影响力明显增强，人民群众对公安机关的满意度大幅提升，并始终保持全省领先水平，很多“苏州经验”以简报、通报和现场推进会的形式在全省乃至全国推广应用，受到了警队同仁的高度认可和一致好评。在“警务创意”栏目中，实时刊载了《姑苏警务智库之平台载体——创意警务》等文章，反映了苏州公安在业务工作、文化建设、队伍建设方面不断凝聚共识，为现代警务理念的调整确立，工作思路的优化创新发挥了重要推动作用。警海拾贝：他山之石、可以攻玉，《姑苏警务智库通讯》“警海拾贝”栏目广泛吸取全国各地公安机关、国外警方好的经验做法，吸收其他领域的先进经验，刊载了《户籍制度的嵌入关系研究》等文章，通过进一步学习借鉴好经验、好做法，开拓进取，扎实工作，把学习的先进经验转化为推动城市公安工作发展的强大动力。《姑苏警务智库通讯》旨在举全警之力，集社会各界之智，以城市现代警务发展研究为引领，充分发挥其在警务工作中的强大智力支撑作用，深入推进警务现代化建设。

《姑苏警务智库通讯》每月刊印800册，分别寄往公安部、省公安厅及部分城市，同时也发往市局党委、各市、县、分局以及市局各部门，以此为领导决策提供依据，为同行提供借鉴交流，为基层工作提供指导，为群众提供畅通与公安机关交流的渠道。

在姑苏警务智库的运作过程中，还组织了多个理论课题的研究。课题研究原则上由公安部公安发展战略研究所城市警务研究中心予以资助出版，并提供一定的相关书籍资料购买、调研经费补贴，在课题结项后，以实际牵头人、主要撰稿人冠名主编（可以两个人）、副主编（可以两或三个人），并在前言中注明每一个参与者的贡献份额，并获得资金奖励。通过研究业务考核、奖励、评优等方式，形成强有力的引导机制，鼓励研究人员多出成果，出好成果，创造出有深度、有分量、有价值的研究成果，真正发挥好智库的“思想库”和“智囊团”作用。

## 四、交流合作机制

姑苏警务智库不是关门研究、闭门造车，而是充分吸收外部资讯信息、借鉴优秀成果、拓展研究渠道；主动加强与各类公安院校、各级公安调研部门以及其他类型智库间的合作交流，整合研究资源，善于借用“外脑”，构建系统全面的研究网络体系和合作机制；努力借助各类手段交流分享相关研究成果，传播自己的声音，努力提升城市警务智库在国内乃至国际上的影响力，为推进城市警务发展发挥应有作用，等等。具体的做法如下：

### （一）举办城市警务智库论坛

2016年12月23日，由公安部公安发展战略研究所、江苏省警察协会、苏州市局联合主办，城市警务研究中心、苏州市警察协会承办的“城市警务改革论坛”在苏州市召开。公安部改革办副主任、中国人民公安大学党委书记樊京玉，省厅党委副书记左锁粉，公安部公安发展战略研究所执行副所长田全华，苏州市局领导李京生、钱志健、黄戟出席会议。会议由时任市政协副主席、市警察协会主席、公安部公安发展战略研究所城市警务研究中心主任张跃进主持。会上，李京生同志代表苏州市局对与会嘉宾表示热烈欢迎，对各位领导、专家、学者和兄弟单位对苏州公安的支持帮助表示感谢，并介绍了近年来苏州公安工作总体情况、面临的形势，以及在立体化信息化社会治安防控体系建设、全面深化公安改革、全面推动科技信息化深度建设应用等方面的经验做法和工作成效。左锁粉同志阐述了召开“城市警务改革论坛”的重要性和必要性，介绍了江苏省厅在警务机制、执法服务、队伍管理等方面的改革探索，并希望全省公安机关以及市、县两级警察协会以此为契机，进一步拓宽研究视野，开拓工作思路，全力提升江苏公安工作水平。樊京玉同志从城市治理方面阐述了“城市警务改革论坛”的理论研讨意义和实践示范价值，并希望通过此次论坛，一是推动学术研究，强化理论引领，为平安城市建设提供智力支持；二是加强沟通交流，促进互学互鉴，大力推广城市警务改革经验；三是积聚各方智慧，推动智库建设，共建服务警务工作新平台。随后，武汉市局党委副书记、常务副局长夏建中，定西市副市长、公安局局长曹明，中国人民公安大学科研处处长张光，华东政法大学司法学研究院院长崔永东，苏州大学法学院教授、博士生导师李晓明，浙江省警察协会副主席兼秘书长鲍浩东，公安部现代警务改革研究所执行所长殷建国分别围绕城市警务改革作主旨发言。

中国人民公安大学出版社副总编辑阎新瑞，中国警察协会研究部主任黄新春，抚顺市局副局长李振，珠海市局党委副书记、政治处主任王毅，定西市局副局长杨世平，定西市陇西县政府党组成员、局长姜忠玉；人民日报、中国人民公安大学、中国刑警学院、华东政法大学、苏州大学、江苏警官学院等的专家学者；武汉、珠海、广州、西安、抚顺、定西、徐州、扬州、南通、常州、无锡、盐城市局相关负责人；上海市、浙江省、江苏省警察协会及杭州、南京、徐州、南通、扬州、镇江、泰州市警察协会负责人；各市（区）局、分局，市局各部门主要领导；创意警务特约研究员等共计160余人参加论坛。

首届“城市警务改革论坛”上，各领导作出了如下发言：

樊京玉书记指出，当前，我国城市发展已经进入了新的发展时期，要发挥城市在我国经济、政治、文化、社会等方面的中心作用，就要实现城市治理体系和治理能力现代化为前提，以城市警务改革为依托，通过城市警务现代化为城市发展提供安全保障。本次论坛以城市警务改革为主题，关注城市警务发展，推动城市警务转型升级，正是贯彻中央城市工作会议精神，踏准全面深化公安改革和加快城市化进程的节奏，着力破解城市化进程中公安改革和发展难题的应时之举，具有重要的理论研讨意义和实践示范价值。

左锁粉副书记强调，随着我国经济社会的转型发展和公安改革的深入推进，中央、省部持续推出了不少新的举措，提出了一系列新的要求，从这些改革的设计来看，突出了问题导向；是以公安业务为核心来展开的，在落实的过程中，需要从整体上来研究把握，充分考虑不同地区、不同发展阶段的差异性，把上级的要求与地方实际紧密结合起来。

李京生副市长认为，随着形势任务不断变化，新情况新问题不断涌现。公安发展如同逆水行舟，不进则退。特别是近年来，各兄弟单位、城市发展都很快，如何加快苏州公安发展，打造预防犯罪的高地，是当前面临的紧迫任务。

夏建中副局长发言中主要介绍了武汉市公安局着力打造聚力警务、主动警务、创新警务、人文警务“四大警务”，深化基础信息化、警务实战化、执法规范化、队伍正规化“四项建设”，全面改革创新，不断健全完善超大城市平安稳定保障机制的经验做法。

曹明副市长认为定西作为经济欠发达地区，很多方面都与经济发达地区无法比较，定西市公安局在推进改革过程中，在借鉴兄弟单位优秀经验的基础上，更加重视结合自身实际，着力转变传统警务模式，从思想观念、制度设计、科技支撑、警力配置、警务保障等方面加强创新，走出了一条符合经济欠发达地区城市公安改革发展的路子。

张光处长对公安机关“大部制、大警种制”改革进行了分析和解读，认为大部制改革是世界范围内政府改革的主流趋势，对公安机关而言，就是根据社会发展对警种分类的新要求开展的适应性调整。“大部制、大警种制”改革的目标是促进公安机关组织效能的整体提升，降低运行成本，达到精简高效的效果。可以从三个维度来理解：一是在公安机关内部实现大部门制的全覆盖；二是在大部门内部实现机构、职能、制度的有机结合；三是在大部门内部实现协同效能的整合。

崔永东院长从限制侦查权角度发表了看法，认为侦查权、检察权、审判权三者之间应该相互配合、相互制约，但实践中，体现的较多的是相互配合，而非相互制约，从而容易造成冤假错案。为此，必须加强制度设计，实现三权之间的互相制衡，特别是强调对侦查权的限制。方法上，既要完善公安机关的内部监督，也要发挥检察机关、法院的监督作用，还要发挥媒体的监督作用，通过多种方式，确保侦查权的规范使用，这也是司法改革的一项重要内容，值得不断去探索研究。

### （二）以举办警务论坛等为载体，构建内外联合的开放式研究平台

在苏州公安内部，通过每年举办领导干部研讨班，提升全市公安领导干部的思想素质和业务能力，这也成为推动智库建设的基本形式。截至目前，已经举办了八期研讨班，每期确定一个主题，集中进行研讨，统一思想、开拓思路，效果明显。在外部，通过举办或参加知名警务论坛，拓展苏州公安工作事业。比如，由中国警察协会主办的海峡两岸暨香港、澳门警学研讨会，姑苏警务智库几乎每届都参加，而且2010年苏州市局还曾主办过一期。为积极推进大数据时代刑事技术与生物技术的融合，进一步促进包括DNA数据在内的多种法庭科学数据在各类刑侦案件中的综合应用，全面提升公安机关刑事科学技术工作能力和水平，2015年4月9日由姑苏警务智库主办的“2015苏州DNA法庭科学论坛”在苏州工业园区独墅湖会议中心召开。论坛的主题为“大数据与犯罪现场”，邀请了包括中科院院士、复旦大学副校长金力在内的国内外知名专家和学者演讲，并广泛交流犯罪现场的大数据应用及DNA检验技术研究在法医学应用的成功经验，全国各地公安机关DNA实验室负责人共200余人参加了会议。

### （三）以合作研究等丰富形式，拓展苏州城市智库的层次和水平

一方面，积极通过合作课题研究，引入外部智力。姑苏警务智库与公安大学管理学院联合开展了公安部“公安理论及重点软科学研究计划项目”，成效明显。与公安大学法学院合作开展了《警察出庭作证指南》课题研究。与苏州大学法学院合作，联合完成了中国法学会部级重点课题《社会治安防控体系建设研究》。通过与外部专家的合作，不仅拓展了我们的研究视野，而且为公安决策提供了支撑。比如，通过与苏州大学联合开展警务辅助人员管理立法的相关课题研究，推动制定了全国首个有关警辅管理的地方立法，在法律层面解决了制约警务辅助队伍发展的瓶颈问题。另一方面，通过邀请外部专家授课等形式，加强合作。比如，近年来，姑苏警务智库先后邀请华东政法大学、中国人民公安大学、苏州大学等高校知名教授举办讲座，还专门邀请西南政法大学副校长、全国十大中青年法学家、博士生导师孙长永教授前来授课；并聘请西南政法大学副校长孙长永教授、中国刑警学院院长郝宏奎教授、全国公安民警教育训练中心主任王大为教授、中国人民公安大学管理学院院长张光教授、苏州大学博士生导师李晓明教授、江苏警官学院副院长薛宏伟，以及公安部研究室方中处长、公安部科信局齐振宇处长等一批有思想、有能力的知名学者，作为智库特约研究员，为苏州的警务智库建设提供高端指导。

（四）开展其他多种形式的对外交流合作

城市警务智库通过多种方式，保持与公安部及其他地区警务智库的经常性联系，了解全国、全省警务发展趋势；坚持横向拓展，加强与上海、云南、镇江、南通等兄弟省市及其他社团组织的考察交流、联谊沟通以及多种形式的学术交流与合作，进一步拓展对外联络空间。

（五）智库表彰奖励机制

以苏州创意警务为例，专门出台了表彰奖励办法。主要做法为：通过“六招举措”着重打造创意警务激励链。

1. 制定优化《苏州市公安局创意警务考评办法》，加强对创意警务工作的科学引导，营造常态的创意氛围。

2. 根据警务创意的实际质量及应用情况，开展“每月一小评、每季一中评、年度一大评”，对创意警务的先进个人和单位予以表彰奖励。

3. 由警用逻辑分会筹集近200万元的创意警务专项基金，对创意警务先进个人和单位予以表彰奖励，对具有实战效用的设计发明予以扶持，推动其产品化、商品化。

4. 在苏州市公安局人才库中专门设立创意类人才，并在提拔任用上给予加分奖励。

5. 每年在市局层面组织创意警务成果展示比赛活动，以PPT比拼、短片展示、大奖赛及成果展等不同形式，回顾和盘点各个层面的创意成果及其工作成效，进一步激发民警的创意热情，推动创意警务工作再上新台阶。

6. 通过举办征文活动，对优秀课题成果进行表彰。组织开展公安理论研究和调研征文活动，并对全市优秀公安理论研究成果进行奖励。

## 第三节　苏州城市警务智库的保障体系

苏州城市警务智库保障是以现代科学技术和现代科学管理理念、手段为依托，对警务智库工作实施有力的支持，并成为智库赖以存在和发展的重要基础。警务战斗力是各种资源作用整合的结果，保障这些资源可持续地发挥作用，是提高公安战斗力的重要保证。苏州城市警务智库保障体系不是各个要素的简单堆积和机械相加，而是有机组合的整体。

## 一、制度保障层面

城市警务智库把规章制度的建立健全作为警务智库的有力保障，通过制度供给、制度导向、制度创新来解决制约智库发展的制度空白、制度缺陷和制度冲突问题。我们认识到，越是从粗放发展阶段转向科学发展阶段，制度的保障和推动作用就越加明显，就越需要通过规范的制度来实现由“人管人”到“制度管人”的转变。尤其是建立健全公安工作重大决策咨询制度，将智库政策咨询作为必要环节纳入公安决策体系之中。完善以贡献和质量为导向的绩效评估办法和以公安机关采纳应用为主的评价机制。建立智库成果报告制度，拓宽成果应用转化渠道。市局出台相关政策，支持城市警务智库与部级智库及其他智库建立开放互动关系，促进公安机关与各部级智库间人才有序流动，深化部级智库的人才岗位聘用、科研考核、职称评定、职务套改等管理制度改革，健全完善以品德、能力和贡献为导向的人才评价机制和激励政策。

在具体实践中，建立了特约研究员管理制度。苏州创意警务专门建立了研究员管理办法及研究成果评价制度。从创意点子的引导、推荐到试点、评估、推广等各个环节都建立了周密严谨的制度和流程。

在制度建设上，印发了《创意警务考评办法》《网页操作规范》《部门联络员工作规范》《特约研究员工作规范》《他山之石采编规范》《创意点子应用推广工作规范》等，确保创意警务开展的规范、有序、高效。

在创意点子筛选上，市局创意办管理员每天对“金点子论坛”上的所有创意点子进行查看筛选，将具有一定价值的点子引导给相关业务部门或有业务特长的特约研究员和联络员，由他们从专业层面和鼓励角度对点子进行点评、补充和完善。

在质量评估上，设立创意警务常设成员单位，由市局创意办牵头，政治部、指挥中心、警保、刑警、治安、科信、人管、法制、督察等10个部门组成。市局创意办管理员根据引导反馈意见，梳理出具有一定创新性、可行性、实效性的优秀点子，推荐给常设成员单位的联络员进行网上评估投票，票数过半的点子即可加为“市局级精品”。

在效能评估上，建立了创意警务每周集中评估例会制度，由10个常设部门的专（兼）职联络员对点子的实验性、推广性进行综合评估，确定试点实验、推广应用的点子及责任部门。点子涉及的业务主管部门接到任务后，对点子的实验性、推广性进行调研论证，并按期向评估例会反馈相关意见。

在成果推广上，评估例会根据综合评估意见指定责任部门、明确推广要求及时序节点，并形成创意点子推广应用报告，专门报送分管局领导审批，通过审批的点子将正式进入推广环节。点子推广由推广责任部门全程负责落实，在完成推广后及时将推广情况反馈至市局创意办，形成完整的工作链展示。

通过这样一条涵盖点子引导孵化、筛选评估、试点优化、应用推广、跟踪问效等环节的应用工作链，破解了以往基层创意发现难、认可难、转化难的问题。截至目前，仅市局层面就已经对600余个警务创意点子进行了实验评估和推广应用，另外，还有3000余个创意点子在不同层级、不同岗位上应用。

## 二、经费保障层面

“工欲善其事，必先利其器”，经费保障是提高城市警务智库战斗力，切实履行职责的重要保证，也是警务智库运作的基本条件。城市警务智库以“服务中心工作、满足实战需求”为原则，周密制订经费保障规划，贴近实战，扎实推进经费的保障和管理。同时，在经费使用中，坚持科学规划，统一标准，避免分散、重复建设和不兼容的情况发生。

姑苏警务智库是依托苏州市警察协会建立的。在经费保障层面，经费来源主要有以下两点：

1. 苏州市警察协会常务理事单位的会费以及捐赠。根据市民政部门批准的《苏州市警察协会章程》规定，警察协会可以吸收离退休老同志，其他学术组织、科研单位、高等院校等专业系科和公安工作经验丰富的有关专家、学者作为会员，可以吸纳企事业单位为单位会员。为此，苏州市警察协会吸收了热心社会公益事业、关心公安工作、有一定社会影响力的企业加入警察协会，并收取会费。

2. 主动申报公安部、省、市以及社科联等研究项目的课题经费。例如，苏州市公安局和中国人民公安大学合作开展了公安部“公安理论及软科学研究计划项目”，《警务现代化基本范畴及实现路径研究》课题被公安部正式立项，并被确定为11个重点支持项目其中之一。研究成果《现代警务论：理论探索》和《现代警务论：苏州实践》正式出版发行。

以上的经费主要用于重大项目研究、组织警务学术交流、科研团队建设、书刊出版、图书资料、器材装备和网站建设等。

## 三、研究力量保障

以苏州创意警务为例，专门构建一张创意组织网络，形成研究院团队。但如何发动引导更多人积极主动地参与其中？姑苏警务智库着力构建了一张以骨干人才带动、核心团队辐射，纲举目张、由点及面的组织网络，逐步实现从组织发动到自发参与的转变。一是建立专（兼）职联络员队伍，成立了市县两级“警务创新创意办公室”，即在原办公室的基础上增挂牌子合署办公（一套班子两块牌子），市局创意办由局办一名专职副主任负责，下设创意警务组织协调科，具体负责全市范围创意警务工作的组织、推动、协调以及创意警务之窗网站的日常维护、动态管理工作；各县（分）局、市局机关各部门对应地在办公室（政秘科）建立二级创意办，并设有专（兼）职创意警务联络员，主要负责本地本单位创意警务的组织协调工作，具体落实市局发布的点子评估、精品推荐、试点优化、推广应用等工作任务；基层科所队都设有兼职联络员，负责本单位创意警务的推进工作，组织创意警务兴趣活动，对本单位民警、辅警的创意点子进行提炼、优化完善等。二是建立特约研究员队伍，聘任一些意见领袖和各业务领域标兵能手为特约研究员，让他们带头出点子，积极参与网上点评、引导和点子应用推荐等工作，成为创意警务网络话语人和领衔推动者。目前，特约研究员共有 300 余人。三是建立学术团体会员队伍，在苏州市逻辑学会下设了警用逻辑分会，目前会员已有 2000 余人，除了开展学逻辑、用逻辑等学习交流活动外，组织善于思考、文字功底较好的会员参与重点课题研究（现已完成了《理性警察论》《创意警务论》《社会治安防控体系建设研究》等一批课题），同时，将会员分成 23 大组、60 小组，定组定区域采集国内外先进理念和成果经验。

## 四、信息保障层面

以苏州创意警务为例，2009 年 7 月，依托公安内网建立了让大家发布创意、相互启发、互动深化的“创意警务之窗”网站，畅通了自下而上的创意渠道，提供了展示才华的舞台。2012 年 9 月起向全国公安同行开放。参与方式：论坛实行注册用户制，苏州公安所有民警均通过数字证书登录网页；获得上公安网许可的本市辅警人员，通过注册核准后与民警一样可以参与互动讨论；苏州以外民警填写真实信息提交注册，经核准后也可以参与互动。权限设置：实行操作权限分级制，每个数字证书及注册用户享有不同操作权限。每位具有登录权限的用户拥有个人账户，可通过控制面板调整个人资料信息，查看个人发帖、回帖、积分、星级等资料，修改个人相关信息，收藏帖子及文章等。创意积分制度：以积分反映民警对创意警务的关注度和参与数量。创意星级制度：以星级反映民警的创意质量及贡献。网页主要栏目：一是“金点子论坛”，它是网页的核心板块，是民警主动发布创意点子的平台，只要有破解警务工作难题、提高工作效能的想法建议都可以发布。每个创意点子由“提出背景、主要内容、推广价值”三部分组成，点子一经发布，其他民警可以跟帖回应、互动点评，并可以对优秀点子进行网上投票、推荐。二是“他山之石”，依托警用逻辑分会这一学术团体，按照业务和区域进行划分，分工负责收集国内外先进理念和成功经验，供本地警队学习借鉴，目前共采编各类经验材料 1266 篇。三是“创意征招”，是民警对工作中遇到的棘手问题缺乏解决办法时，在全局范围内广泛征求解决问题“招数”的平台。目前已经发布各类征招帖 760 余条。四是“民警工作室”，是以某一警务领域的标兵能手名字命名的网上指导平台，用以发布个人工作方法，展示最新成果，为广大民警解疑释惑、互动指导。目前已建成 19 类、共 98 个工作室。五是“一案一议”，是民警对警务实战中的典型案（事）件总结经验，评析得失，引导大家共同讨论，实现全警受益的栏目。目前已经发布各类议文 1093 篇。

## 第四节　苏州城市警务智库的人才建设

智库是汇聚人才的“蓄水池”。智库作为提供思想产品的脑库，需要高素质人才进行高强度、高智商的脑力劳动，没有人才的智库终将是个空架子。各国智库都把人才作为“第一资源”，高度重视高素质人才的引进、培养和使用。世界上大多数智库都有自己的培养人才的教学研究机构，承担人才的培养任务。比如，美国兰德公司的兰德研究学院，中国社会科学院的研究生院等，都是知名的人才培养基地。近年来，苏州城市警务智库也十分重视智库人才队伍建设，坚持把人才培养作为警务智库建设的基础，通过多种举措，激励民警成长成才。城市警务智库专门制定了人才兴警战略，把人才兴警置于城市警务智库的战略性地位来思考，大力加强人才培养，建立稳固的人才发展平台，并出台了岗位人才培养计划，初步建成了“三级人才库”，为推动城市警务智库建设提供了基本人才保障。同时，也在用人制度等方面进行了改革，促进民警增长才干、提升能力，形成自觉学习提升能力、主动研究改进工作的良好氛围。尽可能地吸收一些理论水平高、业务能力强、勤于思考的在职民警，努力做好智库人才的挖掘、培养与储备工作，使其在城市警务研究过程中，能够得到更有针对性的培养，做到适才适用，发挥应有的潜能。

## 一、科学规划、有序推进，切实加强人才建设组织保障

一是强化组织领导，做到推进有力。坚持人才建设与业务工作同部署、同要求、同推进，成立了人才工作领导小组，负责宏观指导和统筹协调人才工作，确保人才工作推进有力。二是注重科学规划，做到措施有效。将警队人才总量和人力资源整体素质作为推进警务现代化和警营生态建设的重要指标之一，制定出台了《全市公安机关“人才兴警”战略实施意见》《苏州市公安局人才工作实施细则（试行）》等规定，将公安人才分为领军、重点和岗位技能人才3个层次和创新创意、公安管理、执法办案、专业技术、警务实战、情报信息、综合、其他8个类别，基本涵盖公安业务工作各个方面，引导民警立足岗位建功立业。三是坚持梯次发展，做到推进有序。坚持以岗位人才拉动公安队伍整体素质提升，突出抓好领军人才、重点人才的发现、培养、引进和使用，按次序整体推进人才建设，全面提升苏州公安人才队伍的整体水平。

## 二、盘活存量、用好增量，常态抓好人才队伍经营管理

一是引进专业人才，做大人才“蓄水池”。积极争取上级政策支持，通过特殊职位招录以及紧缺人才引进机制，赴国家重点院校引进刑事科学技术、技术侦察、特警、网络安全监察、小语种等涉及公安特殊业务的专门人才，着力提升苏州警务智库整体素质和专业水平。二是加强考核评审，提高人才整体质量。明确进入人才库须经过个人申报、组织推荐、各警种部门初评和市局复评4个环节，对领军人才、重点人才增加专业评审环节，并参照社会专业技术职称评审方式，组建了包括上级部门专家、兄弟省市公安业务专家、有关院校专家学者以及市组织人社部门有关领导等专家评委库，确保评审工作专业高效。制定出台了《苏州公安人才考核管理办法》，围绕工作实绩和岗位贡献度，每年定期对各级各类人才开展评估，并根据评估结果对人才所在层级进行动态调整，督促人才加强自我学习、主动提升的能力。三是健全激励机制，持续激发工作热情。加强对入库人才的表彰激励，对通过评审进入人才库的岗位人才，在市局政工网站主页公示表彰；对获评重点人才和领军人才的民警，由市局主要领导进行表彰；对进入人才库的民警，在干部选拔任用和职级待遇上给予一定的政策倾斜，最大限度地激发各类人才的工作热情。同时，专门出台了《苏州公安人才培养激励专项资金管理办法

(试行)》,设立专项资金,根据人才考核情况和具体岗位业绩,以人才资助、补助和奖励等形式给予物质鼓励,推动人才激励机制常态运作。

## 三、创意孵化、实战培育,充分发挥人才引领带动作用

一是立足岗位创新创意。依托“创意警务之窗”栏目,鼓励人才立足岗位创新,带头开展创意警务工作,带动提升全局创新能力。二是发挥优势破解难题。注重整合人才资源,组织各类人才参与全市重点公安科研项目论证、疑难案件侦办、重点课题攻关、突发事件处理等工作,在领军人才李民、重点人才周如华的带领下,市局 DNA 实验室被评为地级市中唯一的“全国一级 DNA 实验室”;专业技术类领军人才施庆华、刘芳等主持建立了派出所警务工作平台、工程渣土运输车辆监控平台等,获公安部科学技术奖;警务实战类重点人才周建浩作为主要起草人,制定了《涉爆现场处置规范》和《安检排爆名词术语》两个行业规范,填补了该领域行业规范空白。昆山“8·2”爆炸事故发生后,市、县两级 DNA 鉴定技术人才通力合作,充分发挥了攻坚克难的关键作用,经 7 天 7 夜检测比对近千个样本,最终成功确定 260 名受害人的身份信息,为事故善后处置提供了有力支撑。三是智力共享辐射全局。充分发挥人才在理念、方法、技术等方面的特长优势,通过聘请担任小教员、开展师徒结对等方式,推动人才专业知识在警队内部共享共用。在注重人才引领的同时,鼓励民警自学成才,定期邀请相关专家老师为参加国家司法考试和二级、三级心理咨询师考试的民警提供培训指导,并对取得国家司法考试、英语专业四级、计算机二级等高等级资质考试的民警给予嘉奖,激励民警自觉提高能力水平,争当公安领军人才。目前,全市本科以上学历的民警占 71.9%,402 人获得研究生学历,142 人通过国家司法考试,72 人取得国家心理咨询师二级、三级证书。

## 四、招贤纳士,组建团队,不断充实智库后劲

为了更好地加强公安研究,整合研究咨询力量,通过外聘法学、社会学、犯罪学等方面的专家学者,组建结构合理、机制灵活的决策咨询研究骨干队伍,共同推动公安课题研究,力争形成更多研究成果。城市警务智库聘任了顾问 5 名,分别为:孙长永(西南政法大学副校长、博士生导师)、郝宏奎(中国刑警学院院长)、孟宪国(中国刑警学院副院长)、阎新瑞(人民公安出版社副总编辑)、张桂岳(原江苏省委党校教授、江苏省逻辑学会名誉会长);高级研究员 11 名,分别为:王大为(中国人民公安大学公安民警教育训练中心主任)、张光(中国人民公安大学公安管理学院院长)、薛

宏伟（江苏警官学院副院长）、殷建国（江苏现代警务研究中心主任）、李晓明（苏州大学法学院教授、博士生导师）、蒋祖华（无锡市公安局指挥中心主任）、于晓琪（江苏大学教授）、阎力（苏州大学教育学院心理系副教授）、崔亚东（华东政法大学博士生导师）、韦刚（苏州社科联副主席）、高志罡（苏州市人大代表议案建议工委主任）。并聘任公安机关内部的研究人才为研究员及助理研究员。通过组织顾问、高级研究员、研究员及助理研究员等，分层次地进行调查研究，最大限度地引智借力。

# 第七章 苏州警务智库推动警务现代化战略发展的实践

苏州警方在2008年至2011年三年来对警务发展进行从传统警务到初步现代化（主要是警务机制方面）改造升级的基础上，于2011年年底，由主要负责人牵头，警务智库团队主动作为，率先调查研究，并广泛发动全体警队同仁献计献策、集思广益，形成了针对苏州比较全面系统的警务现代化发展的战略规划。第一次尝试用警务智库形成的系统性的警务战略研究成果来指导和推动警务发展，并且与中国人民公安大学管理学院一起边推进实践，边深化课题研究，现已初步实现了6年前提出的警务现代化战略发展意图和目标，推动了警队事业的全面、协调和可持续发展，也圆满完成了《现代警务论：理论探索》和《现代警务论：苏州实践》公安部软科学重点研究课题。苏州警务智库在推动警务现代化战略发展过程中，主要发挥了以下功能和作用：

## 一、立足于地方经济社会未来的发展，有效把握警务发展的战略机会

战略的本质是行动的指导，战略谋划目的就是为战略发展行动提供有效的导航。警务智库的研究首先应体现出积极主动的态度。与此同时，一个好的战略构想又往往与其对战略机会的把握有直接关系。所谓战略机会，就是战略发展过程中偶然出现的有利于我方而不利于对方或者对双方都有利的短暂状态，抓住了战略机会就可能给事业发展带来一次飞跃。“机不可失，时不再来”，一旦失去良机，就算其他条件再好也难以取胜。苏州警务智库团队紧紧抓住了国家和地方经济社会发展给警务发展带来的机遇，主动调研谋划并为警队领导班子决策提供了警务现代化发展的战略规划。

一是地方经济社会发展战略的结合。邓小平同志于20世纪70年代末80

年代初提出了建设“小康社会”的概念，并为构思形成“三步走”的战略发展规划奠定基础。为了推动苏州经济社会又好又快发展，2011年年底，苏州市党代会提出“在全面建设小康社会的同时，率先推进基本现代化”的战略构想，还专门制定了《苏州市基本实现现代化的指标体系》。警务发展历来是紧跟地方经济社会发展“脉搏”而动的，苏州警务智库敏锐地意识到这是一次重要的发展机遇，警方应该乘势而上制定和实施警务现代化战略，不能“被”现代化。警务智库团队及时提请警队领导班子组织开展了为期两个月的“苏州率先基本现代化，我们怎么办?”大讨论活动，有意识地引导全体警队同仁“聚焦警务现代化”进行战略思考，收集了关于警务现代化战略发展的许多好的意见和建议。

二是国家改革发展总目标的关联。就在围绕警务现代化战略进行初步尝试的过程中，党的十八届三中全会提出，把“完善和发展中国特色社会主义制度，推进国家治理体系和治理能力现代化”作为深化改革的总目标。苏州警务智库团队立即把正在开展的警务现代化战略与国家改革发展总目标关联起来研究，深深感到实施警务现代化战略与国家治理体系和治理能力现代化要求，不仅是完全一致的，而且也是警方贯彻落实国家治理体系和治理能力现代化建设总的部署的具体实践的关联性思考，不仅坚定了制定和实施警务现代化战略的信念，而且更加主动地按照党的意志不断完善和改进警务现代化推进工作，更好地实现警务现代化发展战略。

三是警务改革创新的迫切要求。警务改革创新早已成为警务发展的主旋律，但是怎么改，又怎么改得更好、更有利于警务发展?是摆在各地公安机关面前的重要课题。这几年来，尽管有了“三加一”警务改革总基调，但上级警务改革的要求与本地实际的贯彻执行还有差距，主要是在警务改革的系统性、关联性和导向性上还不太够。在这样的情况下，作为担负一方平安重要职责的城市公安机关应该积极主动思考：如何系统又配套地推进改革创新；如何使现在的改革创新真正对当前和未来的警务发展有利；如何使警务改革创新达到推动警务事业全面协调可持续发展的战略要求。应该把智慧与精力聚焦到“警务现代化”战略发展上来，并让所有的警务改革创新都围绕实现“警务现代化”战略来谋划和推进，以使警务改革创新成为实现警务现代化战略发展的重要和主要路径，解决改革创新与警务战略发展相脱节甚至“为改革创新而改革创新”的问题。苏州警务智库团队进一步向警队领导班子提出了“以警务现代化为主导来系统推进警务改革创新”的建议，以期使每一项改革创新都是警务现代化战略发展的一个部分，每一项警务现代化战略发展意图的实现都依靠着警务改革创新来推动。

苏州警方不失时机地制定和实施警务现代化战略的举动，不仅走在了全市党政机关之前，而且确实比较好地把握了战略机遇，得到了党委、政府的充分肯定和赞赏，市委曾这样评价道："苏州市公安机关率先开启基本实现现代化的征程，这不仅在苏州全市各部委办局中走在前列，就警务现代化建设而言，在全国公安机关中也开创了先例"。

## 二、聚焦本质属性的战略思想，谋划全面协调可持续发展的战略愿景

战略的本质是发展，是为了全面协调可持续的发展。苏州警务智库团队紧紧把握住这一战略发展的核心要义，认真谋划并向警队领导班子提供了系统的警务现代化的战略规划，努力为警务事业又好又快地发展导航。警务智库团队在谋划和提供的警务战略规划，带有以下突破性改变：

一是跳出传统警务组织的思维定式，变被动执行上级警务部署为主动思考警务发展战略。

抓住有利时机谋划和推进警务现代化，是一个城市公安机关应有的主动作为。长期以来，警务工作的组织开展，历来是"上面说什么，下面干什么"，下级警队习惯于听凭上级"发号施令"，最多是在上级部署和指令的基础上有所发挥。当然，上级也习惯了看下级是否"听话"严格按照上级的部署和要求办，尤其很关注下级执行和落实的过程。也就是说，从上到下已经形成了一种思维定式，自然也制约了城市警务的战略发展。苏州警务智库团队根据警队领导班子的要求，既贯彻执行好上级的部署要求，又结合好本地实际；既立足当前，又注重长远，以增强警队依法履职的实力和能力为己任，打破传统的思维定式，自加压力，积极作为，主动超前地谋划了警务现代化的发展战略。

二是摆脱传统警务目标绩效的观念，变追求数字"GDP"为全面协调可持续的警务发展。衡量一个地方警务发展的实际效果，是简单地看几个数字的增长，还是看整体警务事业发展的质态，这又是一个左右警务发展战略的重要问题。因为，绩效考核历来是警务工作的"指挥棒"和"风向标"，上级机关特别是一些警种部门也往往以此来衡量一个地方的警务工作优劣，导致至今许多地方紧盯"绩效指标"来组织推进工作，把有限的警务资源包括警力和主要精力倾斜"绩效指标"，尤其是破案打处数量等看得见、可量化的数字，缺乏对整个警务发展的考虑，出现了绩效考核分数很高而实际警务质态较差，"高分低能"的现象。长此以往，必然影响警务事业健康发展，包括警队的价值观和内部的生态。苏州警务智库通过调研认识到，警务现代

化战略发展既体现当前，又要为了长远；既要看得见的社会稳定、治安稳定，又要老百姓的真实感受包括警队同仁的感受，不能一味地追求考核数字的好看，不能满足于上级表扬“面上有光”和拿到名次、奖牌后的“自我陶醉”，而应该要有实实在在的发展变化，应该要有经得起历史检验的发展质态。为此，警务智库团队在助推警务现代化战略制定和实施过程中，建议取消刚性的警方“GDP”绩效考核，而是以人民满意度、治安掌控度、基础能力提升度、警营和谐度、党委政府和上级机关认可度“五度考核”来衡量警务绩效，而且突出老百姓对辖区公众安全感和执法管理满意度的权重。这样做的好处，是引导全体警队同仁为了警队事业发展和老百姓的认可满意，扎扎实实地干事创业，全面提升包括维护稳定、防范与打击犯罪、治安管控、基层基础建设和服务百姓等实力和能力，从而比较好地体现警务现代化战略的意图和战略目标。

三是摒弃传统警务运作的套路，变单打独斗、各自为政，为集约合成共同发展。由于警务体制制约等因素，加上多年形成的思维习惯和运作惯性，警队内部各自为政、资源发散、信息数据不共享等问题一度非常突出，这也是制约警务发展的难题。如何使警务发展既要当前有不俗的表现，即稳步推进各项警务工作，确保地区平安稳定，又要按照时序进度一步一步实现战略意图，必须改变传统的警务运作方式，必须加快警务机制的改革创新，尤其是通过建立新型的警务运作机制来整合警务资源、提高警务效率。为此，苏州警方根据警务智库团队提供的对策建议，率先在全国尝试建立了各警种部门通过相应的运作机制来整合资源合成作战的战略对策，先后推出了“合成综合研判”“合成侦查”“合成维稳”“合成公共安全监管”“合成应急指挥”和“合成警务督察”等系列合成作战机制，基于科技信息化手段，加上相应的机制，有效地把各类警务资源、各警种部门的力量汇聚起来形成合力，打破了以往各警种部门单打独斗、各自为政而导致警务资源发散、无为消耗和效率低下的局面，比较好地体现了警务发展的现代化要求。

## 三、科学导向战略思路形成，以先进的思维理念主导战略制定

理念决定思路，思路决定出路。苏州公安机关制定的警务战略发展“警务民本化、警务集约化、警务法治化、警务智能化、警务社会化、警务生态化”的“六化”主体架构，主要是基于警队领导班子和警务智库团队以科学的思维方法和理念主导形成的。

一是民本思维主导警务战略。习近平同志指出的：“人民为中心的发展思想，不是一个抽象的、玄奥的概念，不能只停留在口头上、止步于思想环

节，而要体现在经济社会发展各个环节。”苏州警务智库团队在提供决策的警务现代化发展战略方案和指标体系中，认清贯穿未来警务发展的主线就是要更加精准地对接民众所需、百姓所盼、民心所向。“六化”战略布局首先要考虑“警务民本化”，围绕如何让老百姓更加安全满意不仅有明确的“九条”战略对策和措施，而且建立了以“人民满意度”打头的“五度”绩效考核导向，从而比较好地确立了以人民为中心和民本主导的警务战略发展格局。实践证明，科学思维主导城市警务战略的制定，应该是民本导向、以人民为中心的。只有这样，才能使得城市警务战略真正体现老百姓的所盼所需，并拿出实实在在的警务对策和措施，才能很好地把警务战略发展和人民愿望统一起来，并以民本作为引领警务发展的指挥棒，用以谋划发展大局、指导发展实践、检验发展成效，彻底摒弃那些不适应、不适合甚至违背新发展理念的认识和做法，坚决杜绝劳民伤财的“政绩工程”“形象工程”，以经得起实践、人民和历史检验的警务发展实绩持续提高人民群众的幸福指数。

二是集约思维指导警务战略。集约思维理念，是指以约束、节俭和高效为价值取向，将物资资源、财力资源和人力资源等要素进行集中管理，统筹配置，从而降低成本增加效益的思维理念。以此思维理念主导的管理是“集约化管理”模式，是一种创新和突破，体现了现代警务的重要特征。长期以来，警队内部由于传统的思维理念主导，各警种和部门之间彼此分割和各自为政，警务资源发散、警务效率效能不高。为此，城市警务战略发展应以集约思维理念为指导，尽可能地整合警队内部和相关的政府部门、社会组织等各方面的资源，让各种信息数据尽可能共享互惠，让合成作战协调协作成为常态，以期最大限度地提高警务效能。苏州警务智库团队在提供决策的警务现代化战略方案和指标体系中，充分体现了集约的思想理念，并着力推进基于科技信息化手段，匹配相应机制促成集约化运作大格局，推动警务运作模式从各自为政的“作坊式”运作转变到集约化“社会化大生产”运作的新模式。苏州公安机关根据警务智库团队的意见建议，率先探索在不改变现有警务体制的情况下，先后创新建立了“合成研判”“合成侦查”“合成维稳”“合成反恐”“合成指挥”“合成公共安全监管”等系列合成作战机制。这些合成作战机制的共同特点，就是通过搭建一个个平台载体，让各级各部门网上网下共享信息数据，共同商议对策措施，而且作为“社会化大生产”中的各个门类和环节，既各自分工负责，又相互协作配合，流程化运作，较好地解决了单打独斗和各自为政的“作坊式”经营、效率低下的问题，也比较好地缓解了警力不足、警务资源受限的突出矛盾。

三是法治思维导向警务战略。法治思维，是指主体依照国家法律法规和制度规范，认识和处理社会一切活动的思维。基本要求是，无论何种人、什么职业、什么身份职务等都必须按照法治思维思考问题，并支配自己的言行举止；人们的一切行为都必须依法进行，解决各种矛盾和问题也必须依法进行，正所谓“办事依法，遇事找法，解决问题用法，化解矛盾靠法”。警察是国家重要的执法力量，警务工作既在执法，也必须依法来执法。尤其是法治既是对公安机关和警察的基本要求，也是思维导向和工作的方法路径。苏州警务智库团队在提供决策的警务现代化战略方案和指标体系中，始终围绕如何全面提升自身的执法规范化水平和能力，在60项警务发展指标中就有13项警务法治化的指标，导向全体警察创新执法理念，力求通过警务战略发展把警队实际存在的热衷于破案抓人、追求破案打处指标的执法办案观念，转变为以和谐办案为主要目标，积极修复社会关系和促进社会和谐上来。通过这样的战略导向，苏州警方的执法规范化能力和水平逐年提升，由原来执法规范化考评全省靠后，到连续多年位于全省第二名，被上级确定为执法规范化示范单位；执法管理上的瑕疵不断减少，尽管执法办案量占全省的25%左右，但涉法涉诉只占全省的5%左右；依法处置社会矛盾问题的能力增强，通过依法超前预警、依法对重点挑头组织者和主要骨干的教育规劝和依法现场处置，全市群体性事件预警率、钝化率和有效处置率都有不俗表现，不仅多年没有发生有影响的群体性事件，而且小规模的群体性事件也非常少，且都及时有效地得到了处置，大大降低了这方面的警务成本，改变了群体性事件频繁发生和处置难的被动局面。

四是科技思维贯穿警务战略。科技思维理念，是指主体注意运用科技信息化手段来构思和推进发展，最大可能地发挥科技在战略发展中特殊功能的思维活动。特别是在大数据时代，必须有意识地关联汇聚海量信息数据，保证各类信息数据的全面、准确和鲜活，并依托相应的智能数据模式和配套机制，改变战斗力生成模式，以减少不必要的人工作业，降低警察的工作强度，极大地提高警务工作效率，真正实现科技强警。实践反复证明，警方的科技思维理念越深入，运用科技信息化来破题增效的意识和能力越强，警务发展就越快。这是检验警务现代化水平的重要标志，自然也是城市警务战略发展的关键所在。这些年来，科技强警已经成为警界公认的思维理念，也有了长足的进步。但是，地区之间、警种之间发展不够平衡，也有一些认识误区，如一味强调科技的投入，而不注重产出的效率；一味强调配置先进的科技设备，而不注重发挥这些先进设备的功能；一味强调研发和引进智能模型，而不注重所需要的数据的采集和关联，特别是缺乏有效的机制来支撑智能模型所需要的大量全面、准确和鲜活基础性数据等，导致科技信息化在某些区域和警种部门没有很好地发挥应有的功能和作用。为此，苏州警务智库团队在提供决策的警务现代化战略方案和指标体系中，不仅突出了科技信息化在战略发展中的重要地位，而且通过相应的指标导向来系统地加快科技的投入建设和运用，尤其是兼顾建设和运用的同步发展、区域和警种部门的整体发展、先进科技手段引进和智能模型开发与警务基础数据的采集和关联等方面。比如，在警务现代化战略有关“警务智能化”涉及的指标中，明确了“科技经费投入占当年警方固定资产投入的比重”“派出所互联网警务室覆盖率”“基础信息数据采集率”“平台数据质量监测机制有效运行率”“社会信息数据整合率”“公共安全智能监管覆盖率”“监控视频等系统联网率”“刑事技术直接破获本地案件占比”等指标，将科技思维贯穿于警务战略发展的全过程。这些战略性的科技思维导向，比较好地推动了全警科技建设和运用，并大大提升了警务发展的质态。这些年，先后开发建设和运用的各类智能系统，如“涉黑涉恶违法犯罪智能分析系统”“犯罪警情预测系统”“涉众型经济犯罪案件防控系统”“涉毒犯罪情报分析系统”“公共安全监管系统”“智能交通管理系统”“消防大数据系统”等，不仅设计思路的前瞻性、实际应用的可行性和发挥作用的实效性都比较好，而且支撑这些系统的信息数据管理机制科学到位，极大地提升了警务发展水平，一些智能系统的建设和运用在全国处于领先水平。

五是共治思维影响警务战略。“警力有限，民力无穷”，这不只是一句口号，而是警方在警务治理中应该更多去思考的方向。因为，随着经济社会的转型发展，各类社会矛盾有增无减，社会治安日趋动态化和复杂化，老百姓对警方的要求越来越高，警务治理的难度也越来越大，警务工作任务越来越繁重，警力相对不足的矛盾也越来越突出，已经成为制约警务发展的瓶颈。在这样的情况下，如何调动和发挥社会各方面的资源一起来治理，实现社会共治，已经成为警务战略发展必须深入研究的重要课题。也就是说，运用共治的思维理念来有效地整合社会资源，大力推进警务社会化，形成社会齐抓共管治安问题，是警务发展中破解难题的战略选择。苏州经济社会发展相对比较快，是全国第一个跨入万亿 GDP 的地级市，人财物流动量大，外来务工人员数量大，警务工作也面广量大，而警力编制相对同类城市明显偏少。城市警务现代化战略发展中，在不断提升集约化和科技智能水平来缓解人少事多矛盾的同时，只有加大警务社会化力度、推动社会共建平安，才是破解警务战略发展难题的唯一出路。由此，苏州警务智库在提供决策的警务现代化战略方案和指标体系中，突出了“警务社会化”的鲜明导向，围绕提高社会共治能力，提出了大力加强对社会组织建设与管理、公共数据汇聚和义警队伍建设等社会资源整合利用的指标。比如，“110 社会联动的覆盖率”“基层社会治理指挥中心建设”“行政执法与刑事司法对接机制建设”“涉众型经济犯罪联合防范治理”“电信网络诈骗犯罪联手防控”“完善公调对接机制”“流动人口服务管理机制”“场所行业协会管理”“人口基础数据库建设”“义警队伍建设”等指标，有效引导各级警队拓宽视野、创新思路，当好党委政府的参谋助手，主动牵头协调各方，着力构筑起党政领导、综治协调、部门负责、社会协同、公众参与的平安工作格局。

六是生态思维提升警务战略。生态思维理念，是指以生态治理的意识、思路和原理来进行团队自身建设的思维方法。简单地说，就是将警队建设上升到生态治理的高度来思考和实践，突破仅仅以“从严”和“从优”“限制”和“宽松”等非此即彼的警队管理和建设思路，通过营造良好警营文化和警营生态，有效地助推警务战略发展。实践表明，警务战略制定的再好，还是需要有充满生机活力的警察队伍去有效实施，而一个充满生机活力的警队源自其所处的良好警队文化和生态。为此，苏州智库团队在提供决策的警务现代化战略方案和指标体系中，把“警营生态化”建设作为重要的发展战略，还紧扣“民主和谐、积极向上、创新创意、风清气正、真抓实干”5 句话 20 字的良好警营生态特征，专门制定、细化了包括“职业发展支持水平”“职业素质训练水平”“职业环境塑造水平”“职业风险控制水平”“警队外部环境适应水平”5 个方面 43 项指标的“警营生态建设指标体系”，鲜明地导向各级各部门有针对性地进行“修复”“改造”和建设警营文化和生态环境。

## 四、系统务实的战略规划，形成布局完整、要素齐备的战略图

城市警务战略与警务工作的计划安排和行动方案有很大的区别，前者是从整体好全局上对警务发展所作的系统的、前瞻性的、需要较长时间的和要素配套的发展构思，是未来相当一段时间警务发展的规划和“导航”；工作计划和行动方案则主要是针对当前甚至某一个方面工作而作出的相对短时期的安排。苏州警务智库团队在警队领导集体组织推进警务现代化战略发展中，不仅要注意战略制定的要领，而且要始终把握警务战略的特点和规律。

一是指标体系体现战略构想。2011 年年底，苏州经过全警上下广泛而充分的讨论，并由警务智库团队组织调研深化，先后草拟了《苏州警务基本现代化指标体系》以及《苏州警务基本现代化实施意见》，从而完成了警务战略制定的第一步，即战略制定前的调研论证。草拟的警务现代化战略发展的

指标体系，比较好地体现了警务战略发展的构思。首先，系统性和整体性比较强。苏州警务现代化指标体系有关警务战略发展的六个方面，即警务“六化”，基本涵盖了现代警务的主要方面，也是现代警务发展的整体趋向，基本上体现了现代警务的重要方面工作，而且各指标项之间相辅相成、相互支撑，反映了警务现代化建设系统整体发展意图。其次，先进性和前瞻性比较强。苏州警务现代化指标体系，既符合国家治理体系和治理能力现代化的要求，符合上级机关的部署精神，又具有对警务发展方向的研判和科学论证，而且既立足当前、又着眼长远，体现了超前战略规划的前瞻性特点。再次，衔接性和延续性比较强。苏州警务现代化指标体系，以苏州市的经济社会基本实现现代化指标体系中与警方直接相关的“法制建设的满意度”“公众安全感”为核心指标，并由此推演展开警务“六化”，体现了警务现代化战略发展与地方经济社会发展现代化战略的有效衔接。与此同时，苏州警务现代化指标体系的设置都顺应了警务工作的发展需要，指标的优化完善有迹可循，每一次指标修订都是在原有基础上的优化完善，体现了警务战略发展的延续性。最后，公认性和可操作性比较强。苏州警务现代化指标体系，体现了警务发展注重质态提升而非传统意义的具体数据变化，更不是简单衡量具体业务工作的数据情况。比如，反映打击犯罪水平的指标，应选取“合成破案占比”“技术破案占比”这些体现侦查打击犯罪实际能力水平的指标，而不是采取传统的“打击处理数”等不能科学反映侦查打击犯罪质态的指标。而且，这一指标体系，只是作为引导警务战略发展和衡量发展状况的监测性指标，不需要层层分解下压，便于客观公正地反映发展情况，各级各部门和广大警务人员都很认可。从而为警务现代化战略实施打下了扎实的思想基础。

二是指标体系呈现战略蓝图。警务现代化指标体系是城市警务战略发展的主要导向，也是重要抓手，指标体系制定得科学与否直接影响警务战略发展的方向是否正确。苏州警务智库研制的警务现代化指标体系构建，采取了层层递进方式进行规划。首先，结合当地经济社会发展要求和警务发展规律，以及对警务实践的总结反思，找出警务现代化的基本发展方向；其次，寻找能够代表警务发展方向的基本内涵；最后，针对这些指标要求，研究确定具体警务工作指标，以指标来明确警务发展方向和工作标准。这些指标导向和相应的实现路径、对策、措施，一起形成了苏州警务战略发展的逻辑架构。这一指标体系呈现的警务战略发展的主要战略构思，就是警务“六化”和由相应内涵组成的警务战略发展“规划图”，即强化民意导向，让警务工作更加贴近群众需求、服务群众生活，不断增强警务工作公信力，实施“警务人本化”发展战略；通过合成作战、情报主导、机制优化，推动警务发展模式从“粗放式”向“集约型”转变，从“投入拉动型”向“内涵式发展型”升级，提升警务工作效率，推动警力无增长改善，实施“警务集约化”发展战略；加强执法制度建设、执法主体能力建设、执法监督机制建设，不断提高公安机关法治水平，提升运用法治思维、法治方式推动发展、化解矛盾、维护稳定的能力，实施“警务法治化”发展战略；通过加强科技创新、科技建设和科技应用，加快推进警务智能化进程，推动警务工作从“资源依赖型”向“科技支撑型”转变，提升警务工作智能化水平，增强警方的核心战斗力，实施“警务智能化”发展战略；通过统筹社会资源、整合社会力量，充分调动社会各方面积极性，形成共建平安社会的工作合力，实施“警务社会化”发展战略；坚持以警为本，突出主体地位，通过建立生态化管理体系，不断提升民警素质，激发队伍活力和战斗力，实施“警务生态化”发展战略。这六个警务发展战略的有机组合，清晰地展现了苏州警务现代化战略的发展蓝图。

三是指标体系引导战略实施。苏州警务现代化指标体系，其实就是为未来的警务发展导航引路。例如，“警务人本化”的10个指标项，主要为提高“服务民生能力”和“保障民生能力”，即实现“警务人本化”首先要了解群众需要什么、群众的所思所想是什么，并通过“社区民警双向知晓率”“警营开放度”“警方微博、微信关注人数和占全市网民的比重”和“民意及时处理反馈率”等相关指标项来引导；应最大可能地便民利民，提高服务群众的水平，并通过“行政许可服务网上全流程办理率”和“居住证覆盖率”等相关指标项来引导；应保障群众安居乐业，并通过涉及民生的“可防性案件万人发案数”“环境污染及危害食品药品安全犯罪查处率”等相关指标项来引导。

“警务集约化”的9个指标项，主要为提高“情报主导警务水平”“专业队建设水平”和“合成作战水平”，即实现“警务集约化”，应将各类情报信息资源有效整合转化为维稳和打防管控的实际工作能力，并通过“群体性事件的预警和钝化率”“研判指令及时办结率、成果转化率”和“专业队破案占比”等有关指标项来引导；应推动整合资源和合成作战能力不断提升，并通过包括“联合指挥应急响应有效处置率”“合成侦查破案占比”“合成安全监管机制作用率”“互联网舆情有效管理”等相关指标项来引导。

“警务法治化”的13个指标项，主要为提高“执法能力”“流程控制能力”“执法公开水平”以及“执法质量”，即实现“警务法治化”，应注重提升警方执法能力，并通过“公安机关负责人出庭应诉率”“民警执法资格考试中级通过率”“执法标准化建设达标率”等指标项来引导；应重视警务执法活动的规范化程度，并通过“警务流程再造工程覆盖率”“警情与案件网上规定流转率”“合法审查机制作用率”等相关指标项来引导；应重视警务执法活动的公开透明程度，确保执法权力在阳光下运行，并通过“公开执法透明度”指标项来引导；应强化和提升警务执法质量，并通过“行政案件处理结果改变率”“国家赔偿发生率”“涉法信访有效投诉率”等指标项来引导。

“警务智能化”的9个指标项，主要为加强警务的“科技建设支撑”“警察信息采集”“社会信息整合”和“科技手段应用”等能力水平，即应加快科技投入建设，并通过“科技经费投入占当年公安固定资产投入比重”和“派出所互联网警务室覆盖率”等指标项来引导；应重视基础信息采集和数据质量，这就需要通过“基础信息采集率”“平台数据质量监测机制有效运行率”等指标项来引导；应高度重视警务科技手段的有效运用，更好地发挥科技在警务发展中的重要作用，并通过“公共安全智能监管覆盖率”“警务监控系统运行完好率”“监控视频专网联网率”“刑事技术直接破获本地案件占比”等指标项来引导。

“警务社会化”的7个指标项，主要为强化与公安机关有关“行业协会建设”、政府部门“联动机制建设”“群防群治建设”以及“单位内部防控”等能力，即应重视有关行业协会的建设和自律，并通过“公安业务指导行业协会成员单位占工商注册单位比例”指标项来引导；应加强政府部门间的联动，联合整治突出问题，并通过“非公安管辖警情的分流率”“突出问题联合整治机制作用率”“矛盾纠纷联合调解成功率”等指标项来引导；应进一步发动全社会参与治安治理，并通过“万人群防群治数”“见义勇为表彰人数实有人口占比”等指标项来引导；强化机关、企事业单位内部防范能力，并通过“单位内部防控网建设”指标项来引导。

“警务生态化”的12个指标项，主要为营造警队“创新创意”“民主和谐”“积极向上”“风清气正”“真抓实干”的工作氛围，即应倡导全警创业、万警创新，并通过“千名民警创意成果推广数”指标项来引导；应营造警队民主和谐的生态环境，并通过“警营内部建议及时处理反馈率”“警营和谐度”指标项来引导；应鼓励警队同仁积极向上，调动工作热情，并通过“从优待警政策落实率”“警队文化认同度”“心理健康保护覆盖率”和“人岗匹配度”等指标项来引导；应强化队伍的纪律作风和效能建设，并通过“民警违法违纪率”“‘一网考’覆盖率”等指标项来引导；应强化警队同仁的素质培训，并通过“民警年均受培训时间达标率”“千名民警专业人才数”“警务辅助人员规范化管理达标率”等指标项来引导。所有的警务现代化指标体系，都具有战略发展的性质和意义，较好地拉动了警务工作的全面协调和可持续发展。

## 五、坚定不移执行战略，在不断优化和推进中实现战略发展意图

制定一个好的警务战略固然非常重要，但如果没能很好地执行和落实，再好的战略规划也没有意义。苏州警务现代化战略发展，一个鲜明的特点就是遵循战略发展的规律，稳步抓好战略执行和实施。其中，警务智库团队不断跟进观察和监测警务战略发展情况，应及时向警队领导班子提供警务战略对策措施的修改意见和建议。

一是坚持不懈执行落实。实践证明，推动城市警务战略的实施，只有瞄准警务战略发展目标，一步一个脚印地推进，才能取得预期的效果，实现警务战略发展意图。苏州公安机关在实施警务发展战略的过程中，也遇到了来自各方面的挑战和压力，但警队同仁最终变挑战和压力为发展的动力，以坚持不懈地定力推动警务战略发展。例如，上级部署的重大安保和大型专项行动部署，往往容易影响原先自行规划好的一些警务战略措施的实施，既要确保上级的部署要求得以贯彻执行，又要将原先规划的警务战略措施予以实施。再如，上级下达的警务绩效考核办法，特别是许多警务指标的制定，往往都是根据当年的警务工作要求提出来的，这与城市警务战略发展既有一致的地方，也有矛盾之处，主要是当前利益与长远发展的矛盾。又如，警务战略发展必须通过一系列的改革创新，包括理念、机制、手段、方法等的改革创新。但其并不是一帆风顺的，警队内部常有一些同志因为一时的不理解而质疑改革发展如何让警务战略发展的规划和各项相应的改革创新举措成为大家的共识，需要大家“同频共振”一起发力推进战略发展，这考验了警队的意志。苏州警务智库团队及时向警队领导班子提供了相关的情况和对策建议，帮助领导班子在推进警务现代化战略发展过程中，经受住了各种考验，不管有多少压力和挑战，都不改变发展理念，不改变绩效考核导向，不放松改革创新步伐。

二是持之以恒改进完善。警务战略发展目标的实现过程，是不断改革创新的过程，也是不断改进完善战略规划和战略对策措施的过程，必须以持之以恒、不达目的决不罢休的韧劲来推进战略发展。苏州警务智库团队围绕警务战略目标，依托“创意警务之窗”，警队领导班子坚持问题导向，不断改革创新，创造了多个全国警界的创新品牌。例如，建立创意警务品牌，走出

一条全警创业、万警创新破题增效的改革创新之路；再如，建立合成研判、合成侦查、合成维稳、合成反恐、合成追逃、合成公共安全监管和合成联合指挥等系列合成作战机制，走出一条在不改变警务体制和不增加警务资源配置的情况下，靠警务机制的改革创新实现内涵式增长之路；又如，通过警务治理方式改革创新，走出一条以科技信息化为支撑的警务工作常态长效之路。这些通过积极主动地改革创新来不断推进警务战略发展进程的做法，既是警务工作中的实践创新，也是警务战略发展的规律把握和理论创新，极大地促进了警务战略发展的有效实施，较好地实现了既定的各项战略目标。

三是阶段性推进不忘初心。苏州市警务现代化战略发展实践过程中，苏州警队始终聚焦“警务现代化”这个主题，先后经历了“三个阶段”。一是从传统警务向现代警务转型的阶段，主要通过学习型、实战型、效能型、科技型、质量型、诚信型“六型”警队建设，形成警务现代化的雏形。二是警务基本现代化的第一阶段，主要围绕警务现代化发展，以警务人本化、警务集约化、警务规范化、警务智能化、警务社会化和警营生态化“六个化”共50项指标，重点推进警务战略发展，作了警务基本现代化的初步尝试。三是警务基本现代化第二个阶段，主要在对前一阶段警务基本现代化情况进行认真总结和反思的基础上，修订并提出了有关警务基本现代化战略发展的60项指标，并以此来牵引警务建设和发展，持续推进警务现代化战略发展。在整个警务现代化战略发展的三个阶段，苏州警务智库团队要提高参助决策的能力，提供的警务决策方案应始终贯彻四个基本原则，即始终不忘警务发展为人民战略理念，促进警队事业的全面协调可持续发展；始终不忘警务发展“四满意”战略目标，促进警队的健康发展；始终不忘理性思考、在研究状态下工作，不断推动创意警务和改革创新；始终不忘打基础管长远，努力做到“一张蓝图绘到底，功成不必在我，久久为功”。用一句话总结，就是不忘初心，脚踏实地地推进城市警务现代化战略发展。

## 六、聚焦警务战略发展，智库团队日益成型成熟

城市警务现代化战略的制定和实施，给警务智库团队提供了难得的展示和发展机会。在推进警务现代化战略实施过程中，作为具有重要参谋作用的智库团队，在进行研究时，关键应该把握以下几个方面：

一是警务智库研究要紧贴警队领导班子的所思所想，让更多的智库成果进入决策。

衡量警务智库功能发挥得如何，作用大与小，主要看智库研究的成果是否进入决策和有多少进入了决策。这就要求智库团队的研究方向，既要与中

央的精神、上级的思路等相一致，又要与警队领导班子特别是主要负责人的思路相匹配。只有这样，警务智库团队的研究才能真正发挥其重要作用，而且才能真正体现它的价值。苏州警务智库在推进警务现代化战略发展中的实践表明，警务智库在把握警务战略发展机遇、助力警队领导班子推进警务现代化发展的同时，实际上也是抓住了警务智库自身发展的好时机，很好地实现了警务智库团队的重要价值。一是抓住经济发展“转型升级”的契机，为警队领导班子提供警务发展思路。2008 年，党中央提出了经济社会转型发展的战略思路。苏州警务智库团队立即根据警务主要负责人的要求，进行了必要的关联思考，全面梳理了警务理念、体制机制、运行方式和方法手段等与现代化发展不相适应的方面，并提出了警务发展转型升级的概念和思路，提出了建设“学习型、实战型、效能型、科技型、质量型和诚信型”警队的纲要和实施意见，为警队领导班子决策警务转型发展提供了依据。二是紧跟地方经济社会“基本现代化”发展战略，为警队领导班子提供了警务现代化发展战略方案。2011 年下半年，新一届苏州市委作出了“苏州基本现代化建设”的重大部署，并研究制定了“苏州市基本现代化的指标体系”等一系列有关基本现代化建设政策文件，吹响了率先基本实现现代化的号角。这个时候，警队主要负责人向苏州警务智库团队下达了指令，要求立即启动警务现代化的课题研究。苏州警务智库团队按照警队主要负责人的要求，并结合地方基本现代化的战略构思，迅速展开警务现代化课题研究。三是领会党中央提出深化改革的总目标是“国家治理体系和治理能力现代化”的战略要求，为警队领导班子提供带有苏州地方特色的警务治理体系和治理能力现代化的理论探索和实践样本。苏州警务智库团队主动将警务现代化战略开展课题研究，与中国人民公安大学专家学者一起联合申报，并联手开展公安部“公安理论及软科学研究”重点支持项目《警务现代化基本范畴及实践路径研究》，形成了四十多万字的《现代警务论：理论探索》和《现代警务论：苏州实践》研究成果。警务智库研究与苏州警务现代化战略发展如此契合，不仅有效地服务和促进了警务战略发展实践，而且在警务现代化战略发展的理论创新和实践创新上也作出了一定的贡献，姑苏警务智库也得到了方方面面的认可，公安部公安战略发展研究所专门给苏州警务智库授予了“城市警务研究中心”牌匾，鼓励苏州以城市警务研究中心影响和辐射全国城市警务智库研究。

二是城市警务智库应该肩负警务战略研究与服务基层警务实战双重职能，多提供一些帮助各级警队领导决策的警务研究成果。

城市警务智库主要应该在战略层面上多研究和提供智力成果，但还须考虑基层一线的所需所盼，为各级警队领导提供可借鉴的意见、建议，为一线实战提供更多管用的创意成果。苏州警务智库建设就是秉承了既着力于警务战略的研究，又更好地服务基层实战的“双重”职能；既发挥好智库核心团队的战略研究功能，又组织发动广大民警一起创新警务工作，破解警务实践中的难题。一方面，苏州警务智库团队聚焦“转型升级”和“警务现代化”，大力加强警务战略研究，形成了《现代警务论：理论探索》《现代警务论：苏州实践》《公安侦查环节刑事和解》《理性警察论》《创意警务论》《公安质量管理》《“经营”心路》《“经营”理性》《“经营”心得》，以及“警务辅助人员规范化管理”“警务合成作战机制建设”“以审判为中心新的诉讼制度条件下的侦查改革”等正式出版的理论与实践成果，并且通过每月一期《姑苏警务智库通讯》刊载智库研究成果和外地同行的理论与实践成果，这些都为各级警队领导和外地同行提供了决策参考。在善待警务辅助人员方面，积极主动争取将警务辅助人员的建设管理进行地方立法，在全国率先制定了地方性行政规章《苏州市警务辅助人员管理办法》，通过地方立法确立了警务辅助人员为财政承担的公益性岗位，核定了相应的工资待遇标准，还率先建立了警辅分类管理和每年收入增长的机制。在“以警为本”理念主导和实际运行下，民警们的“主人翁”意识和“警队即是家”意识明显增强，警队的精气神不断地提升，大大促进了警务战略发展和各项警务工作的有效运行。

另一方面，有效地建设创意警务这个被称为“草根智库”的警务研究互动载体，激发广大民警积极投身破解遇到难题的警务研究探索的生动实践中。现在，苏州警队的广大民警都养成了一个好习惯，凡是遇到工作上的问题首先上网查看“创意警务之窗”中的“金点子论坛”“他山之石”等栏目，看看有无相关的创意成果可以学习借鉴，或在“网上征召”栏目上发帖，寻求他人帮助解疑释惑出实招，或把自己通过创意获得的成果、心得发到网上供大家分享。自创意警务推出以来，民警们先后发布了3万多个创意“金点子”，其中3000多个“精品点子”为各级、各部门在实际工作中提供了帮助，极大地推动了警务战略发展规划的有效实施。

三是警务智库研究应体现科学严谨的水准，提高服务警务发展和警务实践的层次性和实效性。

苏州警务智库成果的形成和运用，有一系列行之有效的规范，以期确保智库的品质。例如，在警务现代化战略规划和指标体系方案的制订过程中，以及在警队领导班子的领导和支持下，采取了“三步走”的科学论证方法：第一步，组织专门的大讨论活动。由主要负责人召集智库团队研究商量形成相应方案，然后组织开展了由全体警察参加的为期两个月的“苏州率先基本实现现代化，公安怎么办?”大讨论活动，引导大家不仅从思想上认识到实行警务现代化战略发展的必要性和可行性，而且鼓励大家积极参与到警务现代化战略发展的规划包括指标体系的制定中来，产生了一大批可供吸收和参考的“金点子”。第二步，广泛征求对战略规划和指标体系的意见。在警务现代化战略发展规划初稿和检验战略绩效的指标体系形成之后，警务智库团队与领导班子成员一起，分头召开各类座谈会，组织各级各部门同志对战略规划和指标体系进行“评头论足”，提出合理化的建议和修改意见。通过广大民警的积极响应和踊跃参与，不仅征集到了相当多的意见建议，而且统一了思想、达成了共识。第三步，进行课题论证。在警队主要负责人的带领下赴北京开展了专题论证会，由中国人民公安大学校长主持，并邀请了公安部办公厅、人训局、治安局、法制局等部门领导，以及清华大学、中国政法大学、中国人民大学、中国人民公安大学等高校的著名专家学者参会，进一步听取意见，并将专家学者的意见告知警队同仁，一起进行修改完善。实践证明，采用“三步走”的科学论证方法，不仅有助于提高所制定的发展战略的质量，而且便于大家统一思想达成共识，为警务现代化战略发展规划的实施和推进打下了良好的思想基础。

# 附　录

## 附录一
## 苏州市逻辑学会警用逻辑分会章程

### 第一章　总　则

第一条　本分会定名为苏州市逻辑学会警用逻辑分会。

第二条　本分会是苏州市逻辑学会的一个分支机构，成员以苏州市公安机关民警为主体。警用逻辑分会成员是苏州市逻辑学会的会员。

第三条　本分会的宗旨是：动员广大民警加强警用逻辑研究，大力开展创意警务，积极打造“学习型”公安机关，在先进理念和理性思维指导下创造一流警务绩效，全面提升警务工作发展质态。

第四条　本分会遵守我国的宪法、法律、法规和国家政策，遵守社会主义的学术道德和社会道德风尚。

### 第二章　业务范围

第五条　本分会的业务范围主要包括：

（一）组织和推动警用逻辑科学的研究工作；

（二）开展对外警务学术交流；

（三）推出理论研究刊物，编印资料，介绍国内外警务先进成果；

（四）组织推进创意警务，为各种警务活动提供智力支持和服务。

### 第三章　会　员

第六条　本分会的会员包括团体会员和个人会员。

第七条　申请加入本分会的会员，必须具备下列条件：

（一）拥护本分会的章程；

（二）自愿加入本分会；

（三）关心分会工作，积极支持学术活动，热心于警用逻辑研究。

第八条　会员入会的程序是：

（一）提交入会申请；

（二）经本分会理事会或常务理事会讨论通过。

第九条　会员享有下列权利：

（一）本分会的选举权、被选举权和表决权；

（二）参加本分会的学术活动以及其他有关活动；

（三）在获得本分会所提供的服务方面有优先权；

（四）对本分会工作的批评建议权和监督权；

（五）入会自愿，退会自由。

第十条　会员履行下列义务：

（一）执行本分会的决议；

（二）维护本分会的合法权益；

（三）开展本分会交办组织、推动创意警务的各项任务；

（四）按规定交纳会费；

（五）向本分会提供各类学术信息以及其他类帮助；

（六）完成本分会交办的其他工作。

第十一条　会员承担下列责任：

（一）1 年不交纳会费、不参加本团体活动、不提供理论研讨论文的，视为自动退会，并在警用逻辑网上通报；

（二）分会交办的创意警务相关工作任务完不成的，经理事会或常务理事会表决通过，对责任团体内具有职务的会员，作职务降格处理；

（三）会员如有严重违反本章程的行为，经理事会或常务理事会表决通过，予以除名。

## 第四章　组织机构和负责人产生、罢免

第十二条　本分会的最高权力机构是会员代表大会，会员代表大会的职权是：

（一）制定和修改章程；

（二）选举和罢免理事；

（三）决定本分会终止事宜；

（四）决定其他重大事宜。

第十三条　会员代表大会须有 2/3 以上的代表出席方能召开，其决议须经到会代表半数以上表决通过方能生效。

第十四条　会员代表大会每届任期 4 年。因特殊情况需提前或延期换届的，须由理事会表决通过。但延期换届最长不超过 1 年。

第十五条　理事会是会员代表大会的执行机构，在闭会期间领导本分会开展日常工作，对会员代表大会负责。

第十六条　理事会的职权是：

（一）执行会员代表大会的决议；

（二）选举和罢免会长、副会长、秘书长；

（三）筹备召开会员代表大会；

（四）向会员代表大会报告工作；

（五）决定会员的吸收和除名；

（六）决定副秘书长的聘任；

（七）领导本分会全体会员开展工作；

（八）制定内部管理制度；

（九）决定其他重大事项。

第十七条　理事会须有 2/3 以上理事出席方能召开，其决议须经到会理事 2/3 以上表决通过方能生效。

第十八条　理事会每年至少召开一次会议；在特殊情况下，也可采用通讯形式召开。

第十九条　本分会设立常务理事会。常务理事会由理事会选举产生，在理事会闭会期间行使第十六条第一项、第三项、第五项、第六项、第七项、第八项的职权，对理事会负责（常务理事人数不超过理事人数 1/3）。

第二十条　常务理事会须有 2/3 以上常务理事出席方能召开，其决议须经到会常务理事 2/3 以上表决通过方能生效。

第二十一条　常务理事会至少半年召开一次会议；在特殊情况下，也可采用通讯形式召开。

第二十二条　本分会的会长、副会长、秘书长必须坚持党的路线、方针、政策，政治素质好；在逻辑学术领域有一定影响。

第二十三条　本分会会长、副会长、秘书长每届任期 4 年，任期最长不得超过两届。因特殊情况需延长任期的，须经会员代表大会 2/3 以上代表表决通过。

第二十四条　本分会会长行使下列职权：

（一）召集和主持理事会、常务理事会；

（二）检查会员代表大会、理事会决议的落实情况；

（三）代表本分会签署有关重要文件；

（四）根据常务理事会意见提名本分会名誉会长、顾问人选，交会员代表大会或理事会决定。

第二十五条　本分会秘书长行使下列职权：

（一）主持办事机构开展日常工作，组织实施年度工作计划；

（二）协调各会员开展工作；

（三）提名副秘书长交理事会或常务理事会决定；

（四）处理其他日常事务。

## 第五章　章程的修改程序

第二十六条　对本分会章程的修改，须经理事会表决通过后报会员代表大会审议。

第二十七条　本分会修改的章程，须在会员代表大会通过后 15 日内，报苏州市逻辑学会核准后生效。

## 第六章　终止程序

第二十八条　本分会完成宗旨或自行解散或由于分立、合并等原因需要注销的，由理事会或常务理事会提出终止动议。

第二十九条　本分会终止动议须经会员代表大会表决通过，并报苏州市逻辑学会审查同意。

第三十条　本分会经社团登记管理机关办理注销登记手续后即为终止。

## 第七章　附　则

第三十一条　本章程经 2009 年 6 月 7 日第 1 次会员代表大会表决通过。

第三十二条　本章程的解释权属本分会的理事会。

第三十三条　本章程自发布之日起生效。

# 附录二
# 创意警务联络员工作规范

第一条　为充分发挥创意警务联络员的作用，规范创意警务联络员行为，优化创意警务组织网络，特制定本工作规范。

第二条　市局各部门、各市局、分局及其科所队均应设立创意警务联络员，各单位的联络员分为首席联络员和专职联络员。

第三条　各单位的分管领导应直接兼任创意警务首席联络员，同时，确定一名以上素质好、能力强、作风硬的同志任专职联络员，协助首席联络员开展相应工作。各单位调整联络员须及时报备市局警务创新创意办公室。

第四条　市局业务部门首席联络员工作职责：

1. 参加创意警务每周集中评估例会；
2. 参与点子的引导深化；
3. 对有较高应用价值和借鉴意义的点子进行推荐；
4. 按管理员的要求报送和发布相关落实措施和意见；
5. 其他创意警务工作。

各市局、分局及其科所队首席联络员的职责主要为上述第 2 项、第 4 项。

第五条　专职联络员工作职责：

1. 协助首席联络员开展相应工作；
2. 负责点子引导深化；
3. 负责发布单位创意和治安辅助人员创意的点子；
4. 其他创意警务工作。

第六条　各单位联络员应带头开展创意警务工作，多出金点子，定期收集对推动本条线、本单位警务工作有借鉴指导作用的点子，报送相关领导参阅并及时汇编成册予以下发。

第七条 联络员对管理员指令引导的点子，应在3个工作日内从专业的层面和鼓励的角度进行讨论、补充、完善和再深化，对未按时予以引导的联络员将进行网上督导提示。

第八条 联络员应加强对点子的浏览和推荐工作，市局业务部门的联络员对管理员指令引导的点子，认为有较高应用价值和借鉴意义的应及时通过网页推荐操作键发送给管理员，以便管理员筛选精品点子。

第九条 对进入点子应用工作链的点子，联络员应按照管理员的要求，按时报送和发布相关措施和意见。各科所队联络员主要负责及时发布点子的试点进展情况；各市局、分局联络员主要负责跟踪调查和视情扩大试点范围及时发布点子的应用进展情况；市局业务部门联络员主要负责发布对点子试点后是否应予应用推广进行调研论证和优化完善意见。

联络员意见应直接通过点子应用工作链操作键上网发布，管理员对不适当的意见应及时沟通协调并予以调整。

第十条 管理员发布指令意见时，通过网上选择名单后自动形成提示信息发至相应联络员，如联络员认为指令意见不当，应在3天内向管理员反馈，3天后系统进入自动不可更改阶段，指定期限到期后联络员未发布意见的，系统自动生成督导提示及通报上网发布。

第十一条 市局业务部门的首席联络员应按要求参加每周专家评估例会的研判工作，对管理员初步筛选出来的精品点子是否具有试点实验价值、试点实验后是否具备推广价值以及创意警务奖励评选进行综合评估研判，其中市局政治部、办公室、指挥中心、户政处、信通处、后装处、刑警支队、治安支队等8个部门联络员每周必须参加，其他部门的联络员由管理员视情通知参加。

第十二条 对进入点子推广工作链的点子，各级联络员应按照管理员的要求，积极报送指导性推广的相关实施情况，按时报送指令性推广的相关进度和落实情况，管理员对联络员报送的工作动态要按规定予以发布。

第十三条 网站对联络员实行后台积分管理，每年将评出“十佳联络员”进行表彰奖励，对积分表现排名在后列的由所在单位予以调整。

第十四条 联络员工作是各单位创意警务工作的重要内容，对不能按时落实管理员意见的单位，经督导提示后不按要求整改的将直接纳入每月通报，年终计入各单位绩效考核“上级认可度”中进行考核。

第十五条 本规范由市局警务创新创意办公室负责解释。

# 附录三
# 创意警务特约研究员工作规范

第一条　为充分发挥创意警务特约研究员的作用，规范特约研究员操作行为，提高创意警务工作效能，特制定本规范。

第二条　创意警务特约研究员分为公安内部特约研究员和公安外部特约研究员，本规范简称的特约研究员特指公安内部特约研究员。

第三条　特约研究员职责：

1. 带头开展创意警务论坛的发回帖工作；
2. 对创意警务论坛的点子进行引导深化；
3. 对具有试点实验价值及较高借鉴意义的点子予以推荐；
4. 参与论证点子应用推广评估；
5. 参与创意警务奖励评选；
6. 积极创建个人创意博客或其他个人创意工作平台；
7. 开展创意警务评点工作；
8. 开展创意警务理论研究工作；
9. 其他创意警务工作。

第四条　特约研究员从以下人员中挑选：

1. 领导信箱和网页论坛的积极参与者；
2. “创意警务之窗”的优秀民警工作室室主；
3. 各条线业务骨干；
4. 其他人员。

第五条　公安外部创意警务特约研究员应邀参与以下非涉密性工作：

1. 创意警务的工作评点；
2. 创意警务的点子试点实验价值评估；
3. 创意警务的点子推广价值论证；

4. 创意警务奖励评选；

5. 其他创意警务工作。

第六条　公安外部创意警务特约研究员从关心、支持公安工作创新发展的社会各界人士中产生，采用媒体公开征求与定向邀请相结合的办法选出。

第七条　特约研究员应带头开展“创意警务之窗”网页的发帖、回复、支招、互动等活动，原则上年度创意警务总积分低于全市民警平均值的特约研究员次年不再续聘。

第八条　特约研究员应积极参与“创意警务之窗”的网页评点工作，对市局创意警务的开展工作有权提出改进建议，管理员及有关部门对特约研究员提出的工作改进意见应予以重视并及时答复。

第九条　特约研究员应从自己掌握的专业知识入手，以鼓励的角度对各种创意点子进行探讨和深化，加强对创意点子的引导、补充和完善。

第十条　特约研究员可以运用“创意警务之窗”网页特设的点子应用推荐功能，将具有试点应用价值及较高借鉴意义的点子及时推荐给管理员，管理员应将达到一定推荐比例的点子报送至每周综合评估例会开展研判。

第十一条　管理员可以根据点子推广性评估和创意警务奖励评选工作的需要，视情邀请部分内外部特约研究员参与相关的论证评估工作。

第十二条　市局各业务条线原则上至少要推荐一名业务骨干，作为创意警务特约研究员，参与创意警务相应工作。

第十三条　特约研究员工作绩效实行“创意警务之窗”网站后台积分管理制，对年度特约研究员工作绩效积分排名在全市前十名的特约研究员应予以表彰嘉奖，对年度特约研究员工作绩效积分处于全市末十位的特约研究员原则上次年不再续聘。

对成绩突出的公安外部特约研究员将视情给予一定奖励。

第十四条　特约研究员工作是市局创意警务工作的重要组成部分，特约研究员所在单位要在工作安排、后勤保障等方面予以积极支持。

第十五条　本工作规范由市局警务创新创意办公室负责解释。

# 附录四
# 关于深化创意警务工作的十二条意见

各市局、分局，市局各部门：

今年9月1日，“创意警务之窗”网页正式向全国警界同行开放，为了在新的起点和新的高度上深化创意警务工作，进一步放大创意警务凝心聚智破难题的效应，放大创意警务成果转化促工作的效应，放大创意警务凝心聚神强队伍的效应，根据9月10日市局创意警务工作座谈会的精神，现就深入推进创意警务工作提出以下意见：

## 一、进一步加强对民警创意的引导完善工作

1. 围绕公安工作的重点、难点及社会关注的热点问题，发动和引导民警开展创意工作。市局各业务部门要紧紧围绕部、省、市局党委部署的中心工作、工作中的难点问题，以及社会各界关注的热点问题等，提出不同阶段创意的重点并报至市局警务创新创意办公室（以下简称“创意办”），通过发布论坛主题帖，在“创意警务之窗”网页上以游动字幕、弹出窗口等方式，引导民警理性思考、深度创新，使民警的创意既能紧扣中心、突出重点，又能“百花齐放、百家争鸣”。

2. 加强对民警创意的优化完善。从近年来的实践看，民警创意点子往往有许多“闪光点”，但很多点子需要优化完善后才能推广。因此，要尊重民警的首创精神，进一步加强对民警原创点子的优化完善。重点发挥三个层面的作用：一是市、县（分）局两级创意办要发挥点子优化完善的组织协调作用，根据民警创意点子的类型，及时交办特约研究员和相关业务部门优化完善；二是市局业务部门要发挥点子优化完善的主渠道作用，从促进本部门工作出发，以专业的视角对事关本业务条线的创意点子提出补充、优化、完善的意见；三是特约研究员和广大民警要发挥点子优化完善的补充作用，特约

研究员原则上每月完善具有实质意义的点子不少于 1 条，并列入特约研究员的考核奖惩；广大民警要通过跟帖主动参与对发帖人点子的优化完善，对确实能完善创意点子的好“跟帖”，发帖人可向两级警务创新创意办推荐其进入精品点子评选范围，以调动民警完善点子的积极性。同时，市局将依托信息化手段实现点子引导网上自动流转、自动督导并定期通报，进一步增强业务部门、特约研究员的责任心、能动性。

## 二、进一步加强民警创意点子推广前的试点评估工作

1. 完善市、县（分）局两级点子评估机制。市局创意办要继续牵头落实每周创意警务评估例会制度，作为点子集中评估例会成员单位的市局政治部、指挥中心、户政处、信通处、后装处、刑警支队、治安支队等常设部门的首席联络员，原则上应亲自参加每周集中评估例会，因点子评估临时需要其他相关业务部门参加的，相关业务部门应安排首席联络员及业务骨干共同参加。每周集中评估例会的职责主要是对一周民警创意点子进行全面筛选和加精，确定是否需要试点和论证；对试点和论证的点子，根据试点成效和论证结论提出指令性推广、指导性推广、不予推广的评估意见；每季对民警创意点子入围奖、各地各部门创意警务优秀组织入围奖等进行评选。各市局、分局应当参照市局每周集中评估例会机制的运作模式，建立起本单位的点子综合评估例会制度，加强对民警创意点子的评估工作。

2. 加强对民警创意点子的试点工作。对具有实战推广价值的民警创意，要重视并加强在推广应用前的试验论证工作。业务部门是点子试点的协调者，各市局、分局和基层所队是点子试点的实施者，要根据不同情况形成不同层面的点子“试验田”。市局创意办要在“创意警务之窗”网页的“点子实验”栏目中开辟“各地主动试验”子栏目，按照机制改进、信息化应用、队伍管理、安全防范、科技发明、资源整合等不同类别，全面展示各地的试点实验成果。

## 三、进一步加强创意点子的成果转化、推广应用工作

1. 建立两级点子应用交办制度。两级“创意办”可根据试点及评估结果，将指令性、指导性推广意见直接交办给相关业务部门；对具有重要推广价值、涉及多个业务部门或两级“创意办”直接交办有难度的点子，可以提交两级局务会研究决定，由局领导现场决定是否需要应用、推广，明确相关工作要求。提交局务会讨论原则上每月一次。对集中评估例会及局务会交办指令性推广的点子，职能部门要认真研究点子应用工作方案，并以文件形式

制定下发，细化工作要求、明确目标任务，确保工作落到实处；对具有指导性可进行推广的点子，由各市局、分局结合本地实际，视情组织推广应用。为加强督导，市、县分局两级“创意办”要在每月提交点子到局务会议商办的同时，实行局务会议通报制度，通报的内容包括：各地创意警务的组织推动情况，如民警登陆比例、发回帖数、精品帖数等；上月交办点子的试点应用、推广情况；提出本月拟交办试点、推广的点子。同时，要及时在“创意警务之窗”网页的相关栏目中进行公布，并定期公示各地各部门推广应用的工作数据。

2. 加大对发明专利类创意点子的扶持力度。对民警的科技小发明、小创造以及获得国家专利后因资金问题无法进一步实验、推广的创意，对此，要建立市县分局两级报备、论证、立项制度和必要的资金扶持机制。市局将通过创意警务基金对可能在市局层面推广的民警创意给予一定资助。各地各部门也可以建立相应的扶持资金，立足自身工作需要，对不同层面的创意进行资助扶持，以进一步推动民警创意落到实处。

3. 分类施策，注重创意点子的推广应用。在点子推广过程中，对工作建议类创意，所涉及的相关单位要认真分析并充分吸收其合理部分，应及时投入实战应用以有效提升工作效能，原则上各地各部门每个季度要梳理和汇总一次工作建议类点子应用推广的情况，报送至市局警务创新创意办予以上网公示；对防范宣传类创意，如交通游戏棋、消防飞行棋等创意，可以巧借外力，积极借助社会资源及力量，如依靠保险、通讯行业等企业，通过冠名、搭伙等方式，解决防范宣传类创意的推广经费，进一步扩大宣传的辐射面；对技防专利类创意，要积极探索，借助媒体力量，通过定期在电视、报刊上介绍民警创意专利类样品的作用、功能等，向社会公开招标，吸引企业参与，实行服务外包，推动创意样品向创意产品的转变，这是创意技防产品向社会面推广所必需的过程。市局技防部门要主动配合企业加强与上级有关部门的联系，做好相关产品的技术鉴定等工作，推动创意技防产品的市场化推广，并配合做好社会面宣传工作。

## 四、进一步优化创意警务的考核工作

修改优化创意警务的考核内容。根据创意警务发展中出现的各种新情况、新问题，为确保创意警务的健康发展，市局创意办要在广泛调研的基础上，对现有的考核办法作适当调整。总的原则是引导民警用脑子干活，引导民警结合实战提高创意质量，鼓励各地各部门加大推广应用力度，促进成果转化。主要内容有：鼓励市局业务部门开展点子引导完善工作，鼓励市局业务部门主动围绕中心工作以主题帖的形式引导民警聚焦创意工作；鼓励市局业务部门主动试点、推广应用创意点子，鼓励市局业务部门主动挖掘好创意先行试点实验，加大点子由创意到应用、由样品到产品的转化工作；鼓励各县（分）局、派出所推广应用创意点子，确定正确的科学导向，激发各单位和广大民警的创意热情，处理好数量与质量、创意与应用的关系。

## 五、进一步加强创意警务的组织领导

1. 加强创意警务组织力量建设。为“消化”好每天数以千计的民警创意，各地各部门要切实加强创意警务组织的专门力量建设，原则上民警数量达500人以上的县局、分局，“创意办”必须配备2名专职人员，500人以下、200人以上的必须配备1名“创意办”专职人员，200人以下的必须有固定的兼职人员。市局各部门也要配备从事创意警务组织协调的专兼职人员。力量配备情况将列入考核。

2. 加大创意成果的评比奖励力度。各地各部门要按照市局创意警务考评办法规定，定期开展创意警务工作评选，并采用基金奖励、发放证书、红榜上网、向家属报喜等多种形式，进一步提高广大民警的参与热情。

3. 加强创意成果的展示推介力度。在内部，市局将于10月下旬举办全市创意警务风采展示大赛，进一步汇聚全局创意成果及民警的创意风采。在外部，要通过网上网下、走出去请进来等多种形式和途径，组织开展民警创意风采、创意成果等展示推介活动。借此让更多的警界同仁、百姓群众、生产企业知晓我们的创意警务，了解我们的创意成果，感受到创意警务的强大影响力和号召力，进一步扩大创意警务“桃李满园、香飘四方”的辐射效应。

4. 拓展创意警务的产品经营与文化建设。要注重对创意警务文化的综合经营，如设计制作创意警务主题徽标、主题歌曲、主题海报、创意礼册等一系列创意警务外延，有效营造和立体展示具有浓郁苏州特色的创意警务文化。

2011年9月21日

# 附录五
# 关于深入推进创意警务的工作意见

为贯彻落实部省公安机关社会管理创新座谈会精神，充分发挥创意警务在推动社会管理工作中的重要作用，市局党委决定将深入推进创意警务作为全市公安机关推进社会管理创新的八大重点工作之一。为在新的平台和新的高度上，进一步加大创意警务的推动力度，健全工作规范，完善工作机制，提升工作质态，制定以下工作意见。

## 一、指导思想

以“创意警务之窗”网页升级为契机，以规范化建设为抓手，建立常态长效工作机制，强势推进创意警务工作，进一步引导全体民警将心思和精力放到工作上，积极破解各种警务难题，以强大的智力支撑不断提升公安工作发展质态，实现无增长改善和内涵式发展。

## 二、工作目标

按照市局“大项目带动大创新”的工作要求，努力把“创意警务之窗”建设成为全警交流创意、转化应用、展示成果的工作平台，助推学习型公安机关的构建和转型优化发展目标的实现。

（一）参与广泛性。集全警之智、聚全警之力，踊跃参与，献计献策，交流探讨，破解难题。全体警务人员要从不同岗位、不同层面开展创意，既要立足大局谋篇布局，也要扎根岗位精耕细作。同时，积极吸纳热心关注公安工作的社会各界有志之士参与，以不同的视角与思维方式审视和帮助改进公安工作。

（二）实战应用性。警务创意必须具备实战警务的可操作性，能够直接或间接应用于警务活动，对提高警务工作效能具有现实意义。要及时将创意应用推广到警务工作中去，突出成果转化，推动创意转化为现实生产力，真正体现创意的实战性和应用价值。

（三）管理规范性。针对以往创意警务网页功能不够完备、运作网络不够健全、运行管理不够规范、工作机制不够科学等问题，通过完善网页功能设计、制定严谨工作规范、加强专题培训指导，促进平台规范化建设，实现创意警务规范化运转。

（四）组织科学性。要在组织推进、评审考核、表彰奖励等各个环节更加注重科学性，合理确定考核分值标准和分数分配占比，做到“公平、公正、公开，竞争为主兼顾平衡，鼓励为主兼顾全面”，进一步激发全警的创意热情，力争形成更加浓厚的创意氛围。

（五）运转常态性。建立常态工作机制，保障创意警务工作长效运转。在组织建设上，成立专门的行政推动机构；在推进方式上，采取项目化管理方法；在考核奖励上，建立创意警务成果展示和定期评比奖励制度，不断完善各个层面的工作机制，推动创意警务常态化运行。

## 三、工作措施

深入推进创意警务工作，关键在于各地各部门要认真查找自身的薄弱环节，研究部署针对性改进措施，按照要求扎实、规范、有序推进。

（一）抓好载体建设。“创意警务之窗”是汇聚创意、互动孵化、应用转化的专门平台，是深化创意警务工作的直接抓手，要不断完善网页功能，加强平台规范建设，强化技术支撑，保障网页良好运行。

一要优化网页功能。新“创意警务之窗”对网页功能进行了重新设计和优化完善。为提高全体民警的参与积极性，新网页将设立民警积分功能，实现网页自动根据民警参与论坛的发帖、回帖等情况进行计分并排名；为方便查找借鉴各类“点子”，新网页将强化搜索功能，实现按不同条件组合搜索和模糊搜索；为提高“他山之石”的借鉴应用力度，新网页将这一板块由文本模式调整为论坛模式，使其同样具备回帖探讨、推荐评价、进入应用链等功能；为提高工作效率，新网页将设置自动统计考评功能，实现对创意警务考评分值自动统计排名，并将升级数据统计功能，实现分级直接查询各单位参与创意警务数据；为强化工作应用链功能，新网页将对管理员发布意见后，实行系统自动控制督导提示，实现到期自动提示、自动督导及自动上网通报。

二要加快网页建设。为确保新“创意警务之窗”尽快投入运行，要在保证功能性、稳定性和先进性的前提下，对新网页建设工程进行全面提速，确保新“创意警务之窗”于10月上旬上网试运行。在试运行过程中，要加强各方面意见建议及资料数据的收集反馈，对新网页的界面、功能和操作流程进行再优化完善，确保新“创意警务之窗”于11月1日前正式运行。

三要加强技术维护。在新“创意警务之窗”正式启用后，为保证网页的高效运行，信通部门要切实加强跟踪维护，对运行中发现的问题要及时研究解决。要制订科学的技术维护方案，建立定期会商机制，按照方案对新网页及时维护，确保新网页功能完善、操作便捷、运行流畅。

（二）抓好组织建设。开展创意警务活动，参与人数越多效果越好。深入推进创意警务工作，必须巩固和加强行政推动和组织网络建设，通过行政力量推动、骨干人员带动、核心人才辐射等措施，形成组织推动到自发参与、人人参与的良好格局。

一是成立“警务创新创意办公室”。结合贯彻省厅扬州会议精神，以省厅要求各地成立“创新办”为契机，要在市县两级公安机关建立“警务创新创意办公室”，与“创新办”合署办公，实行两块牌子一套班子。市局警务创新创意办公室由市局办公室一名专职副主任负责，下设“创意警务协调科”，具体负责全市警务创新创意工作的组织、推动、协调以及“创意警务之窗”网页的实时维护、动态管理工作。各地也要成立相应的专门机构，专人负责，切实加强创意警务的组织建设和推动，为深入推进创意警务提供必要的组织保障。

二是加强行政组织网络建设。各地各部门的一把手必须亲自抓创意警务工作，同时要明确一名班子成员具体分管创意警务工作，并由分管领导直接兼任创意警务首席联络员，作为市局警务创新创意办公室部署、联系工作的直接落实人，具体负责组织、推动本单位的创意警务工作和点子应用推广、奖励评选等工作。原来的创意警务联络员作为辅助联络员，负责协助首席联络员开展相应工作以及点子引导等工作。

三是充分发挥警用逻辑分会作用。要进一步做优“他山之石”栏目，不断拓展警用逻辑分会的采集广度和深度，切实提高“他山之石”采编质量。新网页将“他山之石”采集任务分为4大篇54类，分别是中外警务比较篇、国内先进经验篇、热点地区跟踪篇、重点媒体关注篇，警用逻辑分会的采集责任小组也将从原来的23个小组扩分成61个小组，每一类采集任务均明确相应的分会责任小组负责。

四是扩大特约研究员队伍。各业务条线原则上要推荐一名业务骨干作为特约研究员，各优秀民警工作室的室主都要兼任特约研究员，还要从网页论坛、局长信箱的活跃人员和创意警务的积极参与者中再吸纳一批精英人物，不断扩大特约研究员队伍，让他们带头多出金点子，积极参与网上点评、引导和点子应用推荐等工作，成为创意警务的网络话语人和领衔推动人。同时，要从关心、支持公安工作创新发展的社会各界人士中公开征求、定向邀请一批创意警务特约研究员，可以根据点子推广性评估和创意警务奖励评选工作的实际需要，视情邀请部分条件允许的外部特约研究员参与相关的论证评估工作，以进一步扩大创意警务的影响，提高创意警务的质量。

（三）抓好规范建设。创意警务从规模性发展向质态性跨越，必须不断规范操作行为，完善工作机制，提高警务工作能效。

一是建立健全工作规范。针对“创意警务之窗”新网页调整和完善了功能设置和操作流程的状况，市局警务创新创意办公室要及时修改原来的网页操作手册，制定下发《“创意警务之窗”网页操作规范》。同时，要围绕“创意警务之窗”新网页功能和流程的改变，分别对创意警务联络员、特约研究员的操作行为和警用逻辑分会的采编工作进行规范，以充分调动责任心和积极性，不断提高创意警务工作质态。

二是深化完善工作机制。创意警务的生命力在于应用，要将创意成果转化摆在首要位置，尊重民警首创，抓好对创意点子的回应，注重对创意点子发布后的引导、补充、深化和完善，强化对创意点子的评估、试点、应用和推广，不断完善相应的工作机制，形成规范高效的创意点子加工应用工作链。

1. 完善点子引导机制。创意警务特约研究员和联络员等人员要从专业的层面和鼓励的角度对发布的点子及时进行探讨、补充、完善和再深化，从而把创意者的灵感火花孵化壮大。今后对每一个发布的点子，网页管理员都将通过网上运作的方式直接指令相应部门的联络员和部分特约研究员予以专业引导，管理员发布意见后自动形成邮件发至相应联络员，到期自动提示并直接纳入网上督导通报。

2. 优化点子推荐机制。通过“创意警务之窗”新网页点子投票的“海选”功能，新网页系统将自动把质量较高的点子推荐给网页管理员；特约研究员和联络员在进行点子引导时，也应将认为有应用价值的点子按要求推荐给网页管理员。同时，新网页系统还会将市局创意警务领导小组成员推荐的点子自动报送给网页管理员。由此，管理员可以定期对上述点子进行综合筛选，将具有较高应用价值和借鉴意义的点子汇编成精品点子专区，并报送给市局创意警务领导小组阅览。

3. 建立每周专家评估机制。为提高点子应用价值的专业评估能力，市局将建立点子应用推广专家研判评估机制，由市局政治部、办公室、指挥中心、户政处、信通处、后装处、刑警支队、治安支队 8 个部门作为常设单位，其他部门按工作需要临时再通知参加，市局警务创新创意办公室负责日常召集，每周集中研判评估一次，统一要求参与部门的首席联络员参加研判，主要内容是对初步筛选出来的精品点子是否具有试点应用价值、试点应用后是否具备推广价值，以及奖励考核评选进行综合评估研判，评估意见定期报送市局创意警务领导小组审阅。

4. 健全试点应用机制。对每周专家评估机制确定的具有试点应用价值的点子，管理员将视情确定试点单位、跟踪调查单位和调研论证部门，发布相应试点应用的措施意见。各级联络员应根据管理员的要求落实相应措施，并在指定期限内将落实情况及意见上网发布。管理员发布意见时，网页系统将自动形成邮件发至相应联络员，3 天内联络员可以按规定申请管理员变更，3 天后进入自动阶段不可撤销，指定期限到期前 3 天系统自动作提示，到期后联络员未发布意见的系统将自动生成督导提示上网发布。

5. 实行项目化推广机制。对每周专家评估机制确定的需要全面推广的点子，推广方案报请市局领导批准后以市局名义发文推广实施，并将点子推广的责任单位、责任人、责任期限以及推广的进展程度和相关动态，全部上网公示，形成项目化点子推广链。同时，要定期确定一批重点点子进行挂牌推广，并适时邀请点子创意人参与推广工作，切实加大点子的应用、推广和转化力度。

6. 推行沟通反馈机制。对经过市局主管业务部门论证或每周专家评估机制研判的点子，市局警务创新创意办公室要加强与点子创意人的反馈和沟通，逐一征求点子创意人对论证、研判意见的看法。对点子创意人的异议，市局警务创新创意办公室要将相关情况及时与论证、研判人员沟通协调。对不能达成一致意见的，市局警务创新创意办公室可邀请创意人、论证人、研判人及内外部特约研究员等相关人员召开听证，听证情况应报送市局创意警务领导小组审阅。

（四）抓好指导培训工作。新网页调整了很多功能设置，并制定了配套的操作新规范，形成了新的工作流程和机制。因此，新网页投入运行后，各地各部门要抓紧抓好新网页的使用指导和培训工作。

一方面要加强网上培训。市局警务创新创意办公室要将新网页的功能介绍、工作规范和使用方法编制成册并上网发布，帮助全体民警能够迅速、全面地学习掌握新网页的操作方法及使用规范，对新网页各种常见操作流程进行指导，对难点重点问题及时答疑解惑。同时，要对难点重点问题制作专门的视频培训资料，并提供下载服务。另一方面要加强网下培训。对各级各部门分管领导、评论员、研究员、工作室民警要分门别类逐级培训，进一步增强各级领导对创意警务工作的重视程度，提高网页操作水平，规范创意警务工作行为，提高创意警务工作质量。

（五）抓好奖励督导工作。一方面要加大考评奖励力度。要进一步加大创意激励力度，以市局召开社会管理创新表彰大会为契机，进一步激发民警参与创意警务活动的热情，大力表彰创意先进集体和先进个人，尤其是以创意破解工作难题的点子发布人，包括进行补充、深化创意的回帖人；要进一步完善考评奖励办法，及时调整考评规定中的不合理项目及分值，坚持数量质量并重并抓的原则，建立科学合理的考核导向体系，推动创意警务整体质态的有效提升；要进一步规范常态奖励评选工作，按照市局创意警务考评办法规定，按期对创意警务工作进行评选，对成绩突出的单位和个人记功嘉奖，并及时兑现奖金。另一方面要完善通报督导机制。要进一步加大督导通报力度，新网页将实现无法人为修改的自动通报督导功能，对不能按时落实管理员意见的单位，各个环节都能自动形成督导提示单，直接上网发布，督导提示后不按时整改的将自动计入每月通报，年终直接列入各单位绩效考核。

## 四、工作要求

（一）思想上高度重视，提高对深入推进创意警务重要性的认识。深入推进创意警务工作是市局党委立足推进社会管理创新，从推动转型优化发展、提升警务质态高度统筹部署的重大决策，是今后一段时期带有明确导向性的行动纲领。全体民警，特别是各级领导干部要以高度的责任感和敏锐性将思想认识统一到市局党委的决策上来，做到认识深、反应早、行动快，真正将深入推进创意警务工作的思想精髓入脑入心。

（二）保障上完善到位，落实深入推进创意警务工作所需的人财物。各地要以建立“警务创新创意办公室”为契机，明确专门机构、明确专门人员、明确职责权限，确保相关组织机构及人员能迅速有效地入轨运行。要不断活化创意警务专项基金使用，探索建立常态的资金运作机制。要认真落实“创意警务之窗网页”的更新维护工作，保障平台高效运行。

（三）措施上务求高效，以扎实有效的措施推动创意警务深入开展。深入推进创意警务工作不能仅仅停留在工作部署，各地各部门要根据市局党委的统一部署迅速制订工作方案，落实相应措施，做到项项抓落实、事事明责任，以求真务实的态度研究制订实施方案，以高度的责任心和使命感把各项工作落到实处，把心思用在谋划推动上，把精力投放到贯彻落实中，创造更加出色的工作成绩。

# 参考文献

1. 王辉耀、苗绿：《大国智库》，人民出版社 2014 年版。

2. 刘德海等：《江苏新型智库体系建设研究》，江苏人民出版社 2014 年版。

3. 王健：《智库转型：理论创新与实践探索》，生活·读书·新知三联书店 2012 年版。

4. 王健：《经营智库：成熟组织的实务指南》，江苏人民出版社 2016 年版。

5. 任晓：《第五种权力：论智库》，北京大学出版社 2015 年版。

6. 李刚：《中国特色新型智库建设研究》，载《现代工业经济和信息化》，2016 年第 6 期。

7. 张桂岳：《干部思维学》，江苏人民出版社 1988 年版。

8. 李枫、舒静庐：《科学思维》，国家行政学院出版社 2011 年版。

9. 刘冠军、王维先：《科学思维方法论》，山东人民出版社 2010 年版。

10. 王小燕：《科学思维与科学方法论》，华南理工大学出版社 2015 年版。

11. 刘秉君：《思维的力量》，中国经济出版社 2015 年版。

12. 张桂岳：《理性把握》，光明日报出版社 2013 年版。

13. 张跃进：《理性警察论》，光明日报出版社、中国人民公安大学出版社 2013 年版。

14. 张跃进、张光：《现代警务论：理论探索》，中国人民公安大学出版社 2015 年版。

15. 朱武、张跃进：《警察思维素质》，群众出版社 2002 年版。

16. 陈培永：《思维的法则：毛泽东〈矛盾论〉如是读》，广东人民出版社 2016 年版。

17. 张晓芒：《正确思维的基本要领》，中央编译出版社 2008 年版。

18. 杜骏飞：《互联网思维》，江苏人民出版社 2015 年版。

19. 张一兵：《辩证思维》，江苏人民出版社 2015 年版。

20. 袁钟辉：《制度是最好的老板》，广东经济出版社 2016 年版。

21. 张跃进：《"经营"心路：公安局大信箱一万次互动的思考》，法律出版社 2011 年版。

22. 张跃进：《"经营"心得：一位卸任公安局长谈团队管理》，法律出版社 2017 年版。

23. 徐飞：《战略管理》（第三版），中国人民大学出版社 2016 年版。

24. 唐东方：《战略规划三部曲：方法·实务·案例》，中国经济出版社 2015 年版。

25. 李伟民、李玉辉、牛树海：《战略管理》，东北财经大学出版社 2013 年版。

26. 李成勋：《企业发展战略学》，社会科学文献出版社 2012 年版。

27. ［美］希尔、［美］琼斯、周长辉，孙忠译：《战略管理》（中国版），中国市场出版社 2007 年版。

28. 纽先钟：《战略研究入门》，文汇出版社 2016 年版。

29. 张强、李六伶：《民本警务的理论与实践：珠海现代警务新思维与公安改革新探索》，中国人民公安大学出版社 2017 年版。

30. 杨启国：《领导干部战略思维能力培养》，中国人事出版社 2011 年版。

31. 殷昌军：《红色阅读笔记》，中国言实出版社 2012 年版。

32. "地方政府智库建设研究"课题组：《地方政府智库建设研究》，中国发展出版社 2015 年版。